給料に手をつけず
爆速でお金を増やす
4つの投資法

5年で1億貯める株式投資

kenmo
湘南投資勉強会

ダイヤモンド社

私は、大学時代からアニメや声優が好きな
〃典型的なモテないオタクの理系男子〃。

就職活動もうまくいかず、
かなり凹《へこ》んだけれど、
どうにか某メーカーに拾ってもらった。

就職できたのはいいけれど、今度は将来の「お金の不安」に襲われた。

このまま会社員として勤め続けても、お金の不安は尽きない……。

そこで一生お金に困らなくなる方法を
考えてみた。

たどり着いた結論は、
株式投資一択だった。

満を持して、
ボーナスを貯めた300万円を元手に
株式投資をスタート。

2年で元手300万円を
10倍の3000万円に増やすことができた。

その3000万円を1年で5000万円に増やした。

結局、わずか5年で資産1億円を突破した。

その間、月々の給料は日々の生活やアニメグッズ、声優の推し活に消え、株式投資への資金追加は、まったくのゼロ。

それでも現在までに、資産を3億円に増やしている。

資産の規模に応じて出世魚のようにステップアップする投資手法で、
短期間で資産を拡大してきた。
わずか5年で資産1億円を築き、ひとまずお金の不安はなくなった。

その気になれば、あなたも億単位の資産をつくることはできる。

本書は2025年3月時点の情報をベースにしています。投資は自己責任で行ってください。本書をもとにした損害等について、出版社・著者は一切の責任を負いません。また、実際の取引に関することは、取引先の金融機関や証券会社にお問い合わせください。

元手300万円から
5年で
資産1億円

1年目 786万円

2年目 3235万円

3年目 3650万円

4年目 4632万円

5年目 5474万円

5年と10カ月目で1億円達成

……現在約3億円

	投資資産	日本株式	外国債・株
2012年	786万円	786万円	
2013年	3235万円	3235万円	
2014年	3650万円	3650万円	
2015年	4632万円	4632万円	
2016年	5474万円	5474万円	
2017年	1億0936万円	1億0936万円	
2018年	1億0486万円	1億0486万円	
2019年	1億4000万円	1億4000万円	
2020年	1億1800万円	1億1800万円	
2021年	1億5000万円	1億5000万円	
2022年	1億8000万円	1億8000万円	
2023年	2億7000万円	2億5400万円	1600万円
2024年	2億8600万円	2億6500万円	2100万円
2025年	3億0600万円	2億8200万円	2400万円

2012年：初期投資300万円

2014年：初期投入の300万円を出金して相殺

2017年：5年目で資産1億円を突破

2020年：住宅購入の原資に1000万円を出金

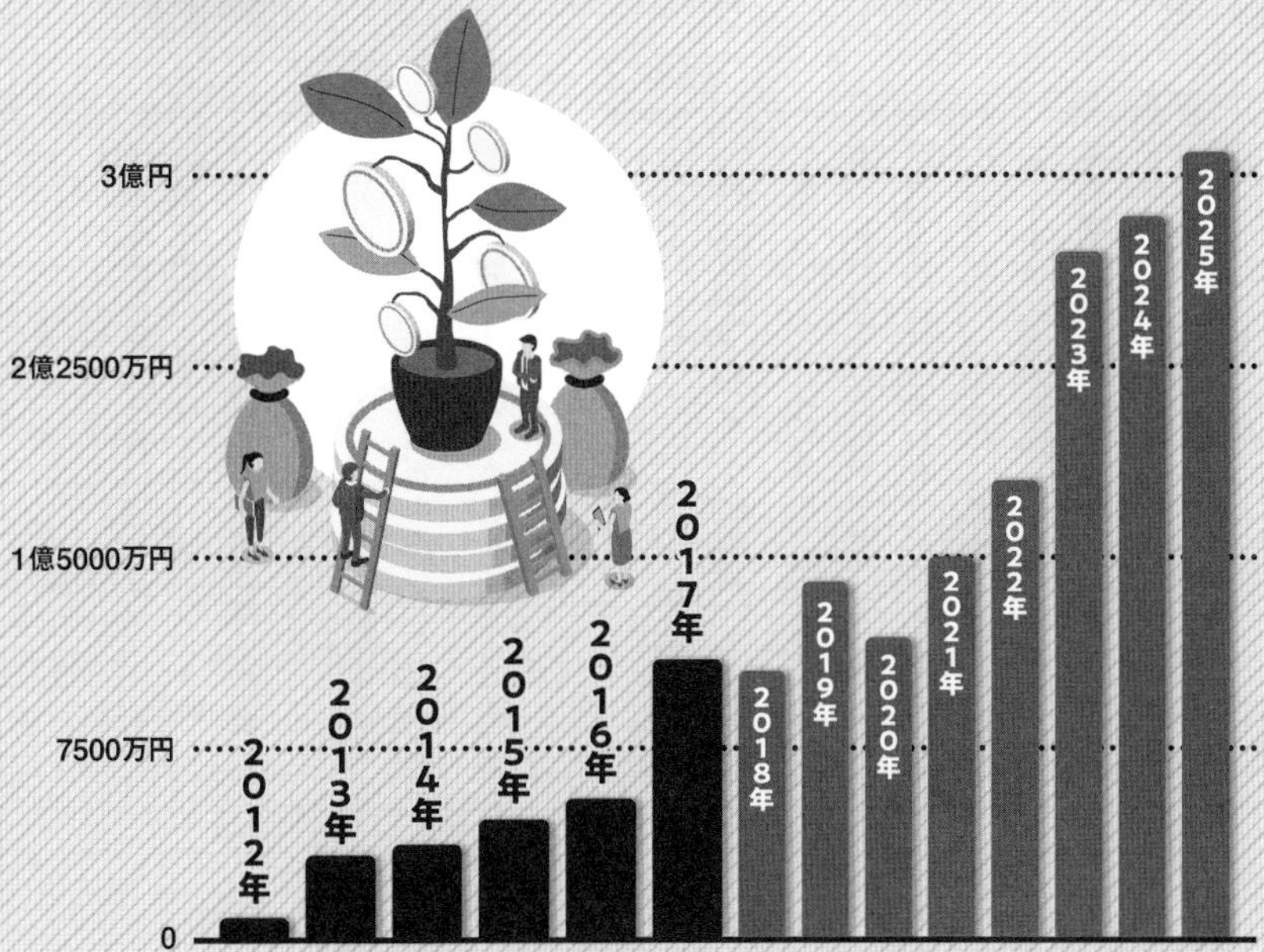

目次
5年で1億貯める株式投資

PROLOGUE
資金ゼロ&知識ゼロから
「お金に不自由しない方法」を考えてみた——012
どうしたらお金に不自由しないんだろう?——012
「このままだとお金持ちになれない……」——013
元手300万円を100倍の資産3億円に——014
老後資金はおおむね1億円必要——017
「億」を貯める〝再現性の高い投資法〟——019
4つの投資法で「億」をつくる——022

PART 1
株式投資に役立つ〝意外な経験〟——029
金持ちじいさん、貧乏じいさん?——030
数学が得意な「理系男子」——032
「せどり」で安く買い、高く売る感覚を磨く——033
見込みある商品を買い、人気が出たら高値で売り抜く——035
バイオテクノロジーの研究と株式投資——038
バイオは想像以上に儲からない……——040
突如、突きつけられた〝お金への危機感〟——041
「せどり」より簡単に利益を得られた〝株の衝撃〟——043
COLUMN 1 なんのために投資をするのか?——047

PART 2
300万円を2年で3000万円に増やした「新高値ブレイク投資」——049
「新高値ブレイク投資」とは?——050
身近な会社で「新高値ブレイク投資」を実践——053
2重3重の株価上昇材料がそろい大勝負に出る——054
「分散投資」は安全で「集中投資」は危険?——059
「マイナス8%で損切り」を徹底する——062
確率論における「期待値」を高める方法——064
元手300万円から2年で3000万円に増えた!——066
COLUMN 2 日本株の未来は明るい——071

PART 3

3000万円を1年で5000万円に増やした「株主優待需給投資」 ―― 073

「株主優待需給投資」とは? ―― 074

優待株特有の値動きを逆手にとった投資法 ―― 077

〝比較的安全性の高い〟超シンプルな投資法 ―― 079

短期間で資産を築きたいなら優待株の長期分散投資はNG ―― 084

株主優待をゲットする〝ちょっと邪道な方法〟 ―― 086

COLUMN 3 「株価=PER×EPS」というシンプルな公式 ―― 092

PART 4

5000万円を1億円に増やした「新高値ブレイク+ROE投資」 ―― 095

「新高値ブレイク+ROE投資」とは? ―― 096

株価急上昇で儲けるも〝痛恨の凡ミス〟 ―― 099

あとから株価が上昇しても納得できる「株の売り方」 ―― 103

「カップ・ウィズ・ハンドル」が出現? ―― 105

唯一の失敗でマイナス…… ―― 109

COLUMN 4 「株主優待」「自社株買い」「増配」の背景を考える ―― 111

PART 5

テクニックを深掘りした「決算モメンタム投資」 ―― 113

「決算モメンタム投資」とは? ―― 114

忙しいビジネスパーソンが知っておきたい株式投資術 ―― 117

PTSの株価上昇率ランキングをチェック ―― 121

「決算短信」の3つのチェックポイント ―― 125

決算モメンタム投資は「決算発表後1週間」が勝負 ―― 128

「決算モメンタム投資」は3つの期間で考える ―― 130

決算モメンタム投資「2:6:2」の法則とは? ―― 133

地合いが悪いときには「逆・決算モメンタム投資」 ―― 135

「まぁまぁ好決算」のほうがなぜ機能するのか? ―― 137

好決算・悪決算の簡単シンプルな見極め方 ―― 140

COLUMN 5 年100回以上主催する「IR説明会」 ―― 143

PART 6

中小型株への「中長期投資」 ―― 145

「中長期投資」の銘柄選び5つの方法 ―― 146

上場後しばらくは「売上高」の伸びに着目する ―― 149

IR説明会で質問するための〝基本ワザ〟 ―― 156

ＩＲ説明会での〝鉄板の質問〟とは？——158
基本的にはオススメだけれど……
ＩＲ説明会の落とし穴に要注意——161
自分だけ情報を得ようとする人に
情報は回ってこない——165
ブースの集客力で業界内の評価をうかがい知る——168
COLUMN 6 会社を辞めるという決断——173

PART 7

中長期投資に欠かせない7つのOKポイントと3つのNGポイント——175

中長期投資に欠かせない7つのOKポイント——176
中長期投資に欠かせない3つのNGポイント——187
〝非常識だけど正論〟なPER&PBRメソッド——189
COLUMN 7 相場が悪いときの
新高値ブレイク投資・
決算モメンタム投資の考え方——191

PART 8

中長期投資でオススメの10銘柄——193

❶トヨクモ（4058）——194
❷FCE（9564）——195
❸オープンワーク（5139）——196
❹アップガレージグループ（7134）——197
❺プレミアグループ（7199）——198
❻プログリット（9560）——199
❼コプロ・ホールディングス（7059）——200
❽yutori（5892）——201
❾ロードスターキャピタル（3482）——202
❿リアルゲイト（5532）——203
COLUMN 8 自分の弱点を認めて克服する——204

PART 9

利益を最大化する投資法の実践術——207

投資法をどう使い分ければいいのか？——208
地合いが悪くても〝儲かる株〟はある——211
「株主優待需給投資」の売りどきは
「権利落ち日」までが鉄則——213
決算モメンタム投資の売りどきはまず「1カ月」——215
なぜ「6カ月後」に
チェックしなければならないのか？——218
株価2倍になったら半分売る——220

中長期投資はシナリオが崩れたときが売りどき——222
残すべきは〝自分にとって有利な銘柄〟——223
「ヒストリカルPER」は要チェック——224
COLUMN 9 あなたの投資スタイルは？——228

PART 10
株で損する人の特徴——231
株で失敗する人にはどのような特徴があるのか？——232
「追証」という〝地獄的な仕組み〟——236
信用取引のレバレッジは最悪のケースを想定——242
株で失敗する人の5つの特徴——244
自分を信じたことが裏目に……——246
いずれ株価が戻ってくるだろうと損切りせず……——250
Xの情報をうのみにして損をする——254
ボラティリティを甘く見すぎて……——256
COLUMN 10 資産1億円の先にある世界の分かれ道——258

PART 11
勝てる投資家は見逃さない「決算書の読み方」——261
押さえておきたい決算のポイント——262
押さえておきたいバランスシート4つのポイント——270
「決算期」と「それ以外」で読み方を変える——273

EPILOGUE
5年で資産1億円へのロードマップ——277
元手300万円を5年で1億円にするには？——278
300万〜1000万円
資産1億円へのロードマップ——279
プライベートや仕事関連で身近な会社に着目——282
元手300万円からの3パターンの投資配分——284
損切りのマイルールを前提にリスクをとる——287
1000万〜3000万円
資産1億円へのロードマップ——290
3000万〜5000万円
資産1億円へのロードマップ——292
メイン口座とサブ口座を使い分ける——294
5000万〜1億円
資産1億円へのロードマップ——296

おわりに——299

資金ゼロ&知識ゼロから「お金に不自由しない方法」を考えてみた

どうしたらお金に不自由しないんだろう？

はじめまして、ｋｅｎｍｏと申します。まずは、超ベタなタイトルの本書を手にとっていただき、本当にありがとうございます。

私は大学院を修了後、某メーカーの研究職として働いていた「理系男子」です。

そもそもは、株式投資に興味すらない〝ズブの素人〟でした。それなのに、なぜ投資を始めたのか？

きっかけは、会社員として働いているうちに、ふと頭に浮かんだこんなことでした。

「このままだとお金持ちになれない……」

勤務先の会社で周りの先輩たちの話を聞くと、教育資金や住宅ローン返済で大変そう。このままでは、自分が将来お金持ちになれるとは到底思えませんでした。

会社員として定年まで働く果てしなく長い旅。その先に待つのが、決して裕福とはいえない老後生活。このままだと、そんな人生が待っているに違いない。果たして、そのような人生でいいのだろうか……。

公的年金を受けとれる年齢は、どんどん後退しています。

自分自身が老後を迎えるときには、70歳とか80歳にならないと、公的年金を受けとれなくなるかもしれません。

1人暮らしであれば、なんとか生活できるものの、この先結婚して子宝に恵まれ、住宅を購入し、教育費用もかさんでいくとなると……。会社員として漫然と働き続けることに強烈な不安を感じ、「どうしたらお金持ちになれるか」を真剣に考えてみたのです。

元手300万円を100倍の資産3億円に

考えた結果、お金持ちになる方法には、次の3つしかないという結論にたどり着きました（犯罪等を除く）。

❶起業する
❷出世する
❸投資する

「❶起業する」は、成功すれば、たしかに巨万の富を得られる手段です。昔と違っていまは、いろんな資金調達の手段があるので、起業するのはそこまでハイリスクとはいえないかもしれません。

しかし、私みたいに平凡な人間に、そのような経営手腕があるとは思えませんでしたし、事業アイデアもありませんでした。従業員を抱えて組織を大きくしつつ、大きなリターンを得るイメージも持てず、むしろ借金を抱えるリスクのほうが大きいと感じたのです。

ならば、会社員として現在の延長線上で「❷出世する」という手段が現実的かというと、これは時間的なリスクをはらんでいます。社員数万人の大企業で、出世競争をくぐり抜け、それなりに出世するには、かなりのロングスパンで考えなくてはなりません。

安定した職を得つつ年収1000万円、2000万円くらいは狙えるかもしれません。しかし、周りの先輩や同僚を見て、自分が出世競争に勝ち残っていける自信はありませんでした。

最終的に出世して社長になり、さらなる高収入を得られるようになったとしても、それまでには20年とか30年といった単位の長い年月がかかります。やはり短期間で億単位の資産を得る手段としては、現実的ではありません。

これらに比べて**「❸投資する」**のは、リスクとリターンのバランス、それに時間的にも、数千万から数億円単位の資産を形成するには、最も合理的で実現可能性が高い手段に思えたのです。

もともと学生時代から数学が得意でしたし、計算能力は周りの同級生たちより抜きん出るところがありました。俗にいう〝投資の複利効果〟もすんなりイメージができましたし、投資であればお金持ちになれる道があるのではないかと考えたのです。

そこで「❶起業する」「❷出世する」という2つの選択肢は捨て去り、お金持ちになるために「❸投資する」という選択肢へ照準を定めました。

そこで、入社4年目にそれまでのボーナスを貯金した300万円を元手に投資を始めることにしたのです。

結論からいうと、最初の300万円から一切追加入金することなく「5年で資産1億円」を達成。その後、資産2億円になった時点で会社を辞め、2025年3月現在、約3億円を運用しています。

老後資金はおおむね1億円必要

老後資金はおおむね1億円必要──そう聞くとショックを受ける人は多いと思いますが、これは事実のようです。

厚生労働省が2024年に発表した「令和5年簡易生命表」によると、80歳を迎えた男性は平均で89歳、女性は92歳まで長生きする。ちょっと余裕を持って「95歳くらいまで生きる」ことを前提に、老後資金を用意する必要があるということのようです。

2023年の「家計調査年報（家計収支編）」によれば、65歳以上の無職・夫婦のみの世帯の平均総支出は月25万9959円となっています。

近年のインフレーション（インフレ＝物価高）を反映して、前年の24万3118円から一気に増加しています。

65歳からの30年間を考えると、総支出は9600万円を軽く超え、夫婦がお金に不自由しないためには、おおよそ1億円が必要になるというわけです。

こんな事実を突きつけられて、「自分にはムリだ……」と絶望しなくても大丈夫です。資産1億円の達成は、正しいやり方をすれば可能だと私は思います。そのための手段が「投資」なのです。

私の周りには億単位の資金を運用している〝億トレ〟の個人投資家がたくさんいますが、よくマネー誌に取り上げられるような投資家も含めて、とくに難しいことをしているわけではありません。

たしかに資産10億円、100億円というレベルになるとリスクのとり方や株式投資に費やす情熱など、常人がまねをするのは難しい面もあります。ところが資産1億円というレベルであれば、当たり前のことをコツコツと、自分に合った再現性のある手法で、十分に達成可能だというのが持論です（感情のままに短期トレードを繰り返してしまうタイプだと、大きくお金を減らしてしまうこともあります）。

私は投資の知識がゼロの状態から、メーカーに就職して4年間で貯めた300万円を元手に株式投資をスタート。わずか5年で資産1億円を突破し、現在は資産約3億円を運用しています。

繰り返しますが、最初の元手300万円から追加した投資資金はゼロです。

会社員として稼いだ給料をできるだけ株式投資に回す「入金投資法」を推奨する人もいますが、私の場合、人生を楽しむためにも給与収入を生活費と趣味にすべて費やしたので、追加入金は一切していません。

資産3000万円を突破した時点で、最初の元手300万円分を出金して相殺し、それ以降は株式投資で得た利益のみで資産を3億円に増やしています。

私は資産の規模に応じて出世魚のようにステップアップする投資手法で、元手を堅実に増やし、短期間で資産を拡大してきました。

現在は株式投資をする傍ら個人投資家同士の情報交換を目的とした「湘南投資勉強会」を主宰し、企業の参加型ＩＲ（投資家向け広報）説明会・投資家交流会も開催しています。

「億」を貯める〝再現性の高い投資法〟

私は、決して〝投資の天才〟などではありません。得意・不得意でいうと得意なほうに入るのかもしれませんが、いまでも売却して利益確定した株が、その後どんどん高値をつけて悔しい思いをすることはよくあります。

世の中には、株価が買ったときの10倍になる（テンバガー）銘柄を発掘することが得意であったり、日々の値動きから利幅をとるのが〝神がかり的〟だったりする個人投資家もいます。銘柄について話を始めると寝食を忘れて24時間以上話し続けたり、わずか1日で数億円儲けたりするようなレジェンド級の個人投資家もいます。

私はそんな投資家とはまったく異なります。

いわゆる〝普通の会社員〟が、限られた時間で投資を勉強し、仕事をしながら資産を増やしていったモデルケースになるでしょう。

そして、当たり前の話ですが、投資にはリスクがあります。私は「5年で1億円に増やす」と覚悟を決めて取り組んだので、最初の1～2年はリスク管理をしつつ少しだけリスクの高い投資もしました。

「30年かけて1億円に増やす」よりも、「5年で1億円に増やす」ほうがやはりリスクは高いものです。その点はきちんと踏まえてください。

この本は、**ごく普通の人だけど、やっぱりある程度の短期間で「資産1億円をつくりたい」と思い、そのためなら多少の努力は惜しまない人**を、少しでも後押しできればと思い執筆しています。

これまでの投資本では、一貫性のある投資法が紹介されているケースが多いです。しかし、私の場合、自分の資産規模や状況に応じてさまざまな投資法をとり入れ、ときには失敗も繰り返してきましたから、1つの投資法に絞って紹介することができません。

その代わり私が取り組んできた方法をすべて包み隠さず公開します。そのなかから自分に合った投資手法を見つけていただければ幸いです。

本書では、これから**比較的短期間で資産1億円をつくるための〝再現性の高い投資法〟をお伝えします。**

投資の目のつけどころから注目の銘柄、成長株を見つける方法、どんな投資家にも訪れる好・不調の波への対処法まで、〝ズブの素人〟でも1段ずつ階段をのぼりながら資産を増やせる方法を手ほどきしていきます。

4つの投資法で「億」をつくる

まずは本書で紹介する投資法について、私が実践した順番通りに、さわりだけ説明したいと思います。見慣れない言葉が出てくるかもしれませんが、のちほどわかりやすく説明するので、この時点ではざっと目を通していただくだけでけっこうです。

❶新高値ブレイク投資

株価の上昇に勢い（モメンタム）がある銘柄を買って上値を追う「モメンタム投資」で知られる米投資家ウィリアム・オニール氏が提唱した投資法です。

年初来高値や昨年来高値を更新して「新高値」をつけた株をその時点で買って、さらに勢いにのって上昇したところで売るのが、この投資法の基本です。

投資対象の目安　過去52週間の高値と比較して新高値をブレイクしていることが条件。新高値をつけている理由（大ヒット商品・大人気サービス・新経営陣による改革など）を分析して、さらなる株価上昇が見込めそうであれば買い。

買いどきの目安 PER（株価収益率）10〜30倍台（赤字から黒字転換した場合はこの限りではない）。PBR（株価純資産倍率）の基準は設けない。

売りどきの目安 ❶株価2倍、❷PER50倍、❸半年〜2年程度

❷株主優待需給投資

「株主優待をもらえる権利が確定した日が過ぎると株価が下落し、また株主優待をもらえる権利が近づくにつれて株価が上がっていく」という相場の特徴に便乗して、利益獲得を狙う投資法です。

「株主優待」と名はつきますが、優待をもらう前に株を売ってしまうので、優待をもらうことは基本的にありません。あくまで優待株の値上がり益を得る手法です。

投資対象の目安 過去の株価チャートを見て、株主優待の「権利確定日（株主名簿を確定する日）」に向けて株価が上がっていく傾向のある銘柄。

買いどきの目安　株主優待の「権利確定日」の3〜6カ月前、全体相場が調整して株価が下がっているタイミング。

売りどきの目安　株主優待の「権利確定日」の2週間〜1カ月前、それより前でも株価が急騰したら早めに利益確定することもある。

❸決算モメンタム投資

企業が好決算を発表すると株価が上昇する傾向を利用して、利益獲得を狙う投資法です。先ほども触れましたが「モメンタム」とは、日本語で「勢い」「はずみ」のこと。好決算の発表によって株価の上昇に勢い（モメンタム）が出ることから、このように名づけられました。

投資対象の目安　決算でサプライズが出たタイミングで購入。業種・業態、時価総額、PERなどの基準はなし。

買いどきの目安　決算発表の翌営業日〜3営業日以内。

売りどきの目安 決算発表から20営業日、値幅でプラス10～30%をとりにいくイメージ。「3カ月」「6カ月」「9カ月」「1年」後に売買判断。

❹中長期投資

市場で注目されていない「割安株」を発掘し、その後、株価が上がっていくことを期待して、中長期的に保有する投資法です。企業の決算発表のほかにも、IR説明会や展示会、『会社四季報』（東洋経済新報社）など、あらゆるチャネルを使って情報を集め、今後有望な株を見つけ出します。

投資対象の目安 時価総額50億～300億円程度。上場から1年程度～5年以内。3年で株価が2倍になるイメージを持てる企業が対象。

買いどきの目安 PER10～30倍台。PBRの基準は設けない。

売りどきの目安 「買ったときのシナリオが崩れたとき」「短期間で急騰したとき」「ほかにもっとほしい株が出てきたとき」に売却。

私がオススメする手法としては、これら「新高値ブレイク投資」「株主優待需給投資」「決算モメンタム投資」「中長期投資」の4つです。

この段階では、それぞれが具体的にどんな投資法なのか理解できないと思いますが、どういうものなのかを次ページで簡単に表にしておきます。

投資法	地合い※の影響	時間軸	メリット	必要なスキル
新高値ブレイク投資	非常に受けやすい	半年～2年程度	・短期間で大きな利益を確保することができる ・関連書籍が多数出版されている	・日々の情報収集と適切なリスク管理 ・適切なタイミングで十分なロットを入れられる力
株主優待需給投資	比較的受けにくい	3～6カ月程度	地合いが悪くても比較的安定して利益を上げられる	長期で株式投資を楽しむ心構え
決算モメンタム投資	受けやすい	・基本は決算発表から20営業日 ・そのまま中長期投資に発展するケースもあり	決算時期だけ集中すればいいので効率的	決算書を読み解く力とほかの市場参加者の心理を推測する力
中長期投資	・短期的には受ける ・長期的には企業業績に連動する	数年程度	長期的な企業成長に投資するので、頻繁な売買が不要	中長期で株式投資を楽しむ心構え

※地合い＝ある銘柄や株式市場全体の相場の状態（値動き）のこと

PART 1

株式投資に役立つ“意外な経験”

金持ちじいさん、貧乏じいさん？

さて、私自身について、ちょっとお話しさせてください。

もし具体的な投資法について、すぐに知りたいという方は、50ページまで読み飛ばしていただいて構いません。

ただ、私自身のことを知っていただいたほうが、本書の投資法についての理解もより深まるかと思います。よろしければ、このまま読み進めてください。

私は１９８２（昭和57）年、愛知県の岡崎市というところで生まれました。ちなみに、元Ｆ１レーサーの中嶋悟さん、お笑いコンビ・キャイ～ンの天野ひろゆきさん、ものまねタレントのキンタロー。さんも同じ出身地です。

岡崎市は愛知県のほぼ中央に位置する「三河」と呼ばれる地域で、名古屋市に次ぐ〝県内第2の都市〟の座を、トヨタ自動車の企業城下町・豊田市と争っているともいわれる地方都市です。

岡崎市は豊田市と隣接しており、トヨタ関連の会社に勤める人が多いです。私の父もトヨタ関連の自動車部品の会社で働いていました。

両親はそこまで積極的に投資をしているような印象はなかったのですが、祖父は不動産投資をしていました。

祖父は私が生まれる前に事故に遭い、杖《つえ》をつかないと歩けないような状態だったので、仕事ができなくなっていました。

幼心に「おじいちゃんは自由に歩けなくて大変だなぁ」という印象を抱いていましたが、実は事故に遭う前に近所の土地を買い、その土地を店舗や駐車場として貸し出すことで、毎月定期収入を得ていたということを私は大人になってから知りました。

「転ばぬ先の杖」とは、このようなことをいうのかもしれません。

祖父の不動産投資を知ったのは社会人になってからだったので、「幼少期から投資のすごさを知っていた」という話ではないのですが、数字が得意な家族が多く、投資の素地はあったのかもしれません。

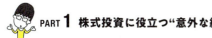

数学が得意な「理系男子」

私自身も幼いころから算数や数学が得意でした。数学は考え方のコツさえつかめば、あとは数字を当てはめて解けばいいだけ。国語が得意な人は、「国語は本文のなかに答えがすべて書いてある」と言いますが、私は同じような思いを数学に抱いていました。

水泳に英語、体操など、幼いころからいろんな習い事をさせてもらいましたが、どれも長続きしませんでした。そのなかで唯一「そろばん」だけは、算数に関連するからか、かなり上達し、長続きしたのです。

こんなふうに幼いころから、どちらかというと「理系男子」だったので、はっきりとした将来の夢はありませんでしたが、理系に進むことだけには迷いがありませんでした。

私の地元・三河地域は、「自動車関係の仕事に就きたい」と思えば、本当に住みやすい地域だと思います。ただ、そうでなければ少し閉塞感を覚えることもあるようです。実際、三河では、「三河で一生を終えたい」と思う人と「早く外の世界に出たい」と思う人に分かれる傾向が強いです。

私はどちらかというと、後者でした。理系男子とはいえ、自動車産業に興味はなかったですし、学生時代の私の趣味は「アニメ」と、アニメ関連の「ラジオ」を聴くことでした。ですが、当時は関東や関西でしか見られないアニメも多く、関東や関西でしか聴けないラジオ番組も山ほどありました。ライブやイベントのほとんどは、東京で開催されますし、愛知県に住んでいる自分には、とても不満でした。

それが「地元を出たい」と思った大きなきっかけ。冗談みたいな理由ですが、当時は真剣だったのです。

「せどり」で安く買い、高く売る感覚を磨く

そうした理由から高校時代は「東京に出たい」という思いが強く、東京大学を目指しました。しかし、残念ながら願いは叶わず、一浪して大阪大学に進学することになりました。

もともと将来の進路は「理系に進む」という漠然としたイメージしかありませんでした。学部は工学部を選びましたが、それも「就職の選択肢が多いだろう」という漠然としたイメージからです。

そんな動機で進学していますから、そこまで勉学に打ち込むこともなく、私の情熱は進学後も、もっぱら趣味のアニメ関連のライブやイベントに向けられました。

大阪のイベントはもちろん、東京に遠征することも多々ありました。ちなみに、当時からいまに至るまで、私の〝推し〟は声優・水樹奈々さんです。

イベントに参加する資金は、家庭教師や新聞配達のアルバイトで稼ぎました。

家庭教師のアルバイトは、時給こそ高いのですが、「来週で終わりにしてください」と突然言われるなど、意外と継続性が不確かで、収入が安定しない面がありました。

そのため、安定した収入源として新聞配達をメインにして、家庭教師は「あればラッキー」くらいの感覚でやっていたのです。

実は、アルバイトのほかにもう1つ収入源を確保していました。それは「せどり」です。

せどりというのは、商品を安く仕入れて高く売るというごくシンプルなビジネスモデル。

ネットオークションやリサイクルショップなどで、人気のある品物を対象に行われる場合が多いです。

かつてのせどりは、書店を回って本を仕入れ、それを古書店で高く売り、利ざやを稼いでいたようです。本の背を見ながら書棚から抜いていくことから「背取り」と呼ばれたとする説があります。

私が大学に入学した2001年ごろは、インターネットが一般に広まり、「Yahoo!オークション（ヤフオク）」など、ネットを使ったオークションが普及し始めていました。

見込みある商品を買い、人気が出たら高値で売り抜く

いまでこそ若い女性声優が歌手として活動することは珍しくありませんが、当時はそんなムーブメントが起き始めたくらいのころでした。そこで私はよく、推しの女性声優さんのCDをヤフオクでチェックしていたのです。

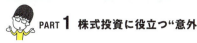

するとそのうち、「店頭で販売している価格とヤフオクで販売されている価格にギャップがある」ことがわかってきました。とくに、廃盤になって店頭で購入できなくなったCDなどが、ヤフオクで高値で売られていることに気づいたのです。

そこで私がよくやっていたのは、「CDの初回限定盤を買って未開封のまましばらく寝かせておき、店頭で手に入らなくなってからヤフオクで売る」ことで利ざやを稼ぐ手法でした。

発売して半年もすれば、初回限定盤はあまり市場に出回らなくなります。もともと人気のあるアーティストは初回限定盤の販売数も多いですが、私はまだそこまで人気が出ていないアーティストの初回限定盤を買い、人気が出たところで売るのが得意だったのです。

もちろん、どんなCDでもいいわけではありません。そこには〝目利き〟のセンスも必要になります。

まずは自分でそのアーティストの音楽を聴いてみて、「これはいいな、たぶん売れるはずだ」と感じるものを選びます。さらに所属事務所が力を入れて売り出そうとしていることが感じられる歌手であれば、なおヨシです。

「売れるかもしれないけど、自信はないな」と思うものについては、初回限定盤を1枚だけ買います。逆に「これは絶対売れる！」と自信を持てるアーティストであれば、初回限定盤を5枚、6枚と買い込むこともありました。

また当時は、CDを買うと、特典として「告知ポスター」や「店舗特典ブロマイド」がついてくることもありました。

当時、CDをネット通販で買うと送料がかかるため、利用する人はそれほど多くなかったのですが、そのためかネット通販の特典がCD本体よりも高値で売れるケースもあったのです。

ネット通販でCDを複数枚購入し、「CD」「告知ポスター」「店舗特典ブロマイド」と小分けして出品すると、総額で定価の2倍以上で売れることもありました。

たとえば1枚1300円のCDを、CD（未開封新品）700円、告知ポスター500円、店舗特典ブロマイド1200円と小分けして売るわけです。これが複数枚あれば、それなりの利益が積み重なります。こうして趣味を実益につなげたというわけです。

いま振り返ると、このやり方は私自身の株式投資のスタイルに通じているのかもしれません。まだ注目されていないけれど将来有望なアーティストのCDを早めに買っておいて、人気が出たところで高値で売り抜く、まさに株式投資の考え方そのものです。

また〝推し〟である声優・水樹奈々さん自身も、最初は収容人数500人程度のライブ会場で歌っていたのに、のちにCDがオリコンチャート第1位に輝き、東京ドームや甲子園球場でライブを開催するまでに人気が高まりました。

自分がこれだと思った〝推し〟が大きく成長していく過程は、まさに成長株投資そのもの。この体験があるので、やはり株式投資においてもこういった〝推し〟銘柄が大きく成長していく過程には、よりいっそうの喜びを感じます。

バイオテクノロジーの研究と株式投資

さて、このように大学時代は学業より〝推し活〟がメインの日々を送りました。

そんな生活を送っていたこともあり、大学では成績優秀というわけでもありませんでしたが、当時は社会的にバイオテクノロジーが注目されていたこともあり、その分野の研究室に進むことを選択しました。

研究室では、試験管で生命の進化を再現させてみたり、ＤＮＡ配列を変化させてタンパク質の発現量を変化させたり、といった研究をしていました。

たとえば、「強い菌」と「弱い菌」を1つの試験管に保管してみます。すると、どうなると思いますか？　「強い菌だけが生き残る」と思うかもしれませんが、実は弱い菌もちゃんと生き残るのです。

強いからといって生き残るわけではなく、弱いからといって淘汰《とうた》されるわけでもない。地上最強の恐竜だって、環境に適応できなくなって絶滅してしまったわけです。そのような生命の本質ともいえる世界が、小さな試験管のなかで展開されていたのです。

これは、企業経営においても同じようなことがいえるかもしれません。ニッチだけど適材適所でシェアを拡大している企業は、しっかりと生き残っていきます。

このような〝本質〟を考え続けることも、激しい企業間競争において本当に優秀な企業を見つける株式投資に通じるものがあると感じます。

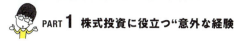

バイオは想像以上に儲からない……

そんなこんなで大学院まで進んだ私は、タンパク質についての研究に携わることになりました。そこで感じたのは「バイオは想像以上に儲からない」ということ。バイオテクノロジー関連の企業は、基本的に赤字を積み重ね、先行投資をしながら研究を続けます。

その結果、画期的な商品が生まれて、一発大当たりするとドカンと儲かり、先行投資を回収しても余りある利益を手にします。しかし、先行投資が大きく、安定的に収益を生み出すのは、なかなか難しい業界でもあるのです。

「このままバイオテクノロジーの技術者になっても、明るい将来が見えないな……」というのが、正直な気持ちでした。

いよいよ就職活動の時期が近づくと、その思いはより強くなりました。菌の研究をしているような人たちが就職するのは、食品や酒類のメーカーが〝王道〟でしたが、そうした会社で働きたいという思いを、ついぞ抱くことがありませんでした。

そんな状況で就職活動が本格化していくわけですが、将来やりたいことの方向性が定まっていなかったので、本当に苦戦しました。書類選考は通過するものの、「何をしたいのか」がかなりボヤッとしているため、面接で試験官とうまく話がかみ合わない……。試験には落ちて、落ちて、落ちまくりました。正直、かなりつらい思い出で、いまでも「二度と就職活動はしたくない」と心の底から思うほどです。

突如、突きつけられた“お金への危機感”

苦戦するなかで唯一内定をくれたのが、ビルの空調などを扱う東京証券取引所市場第一部（現・東証プライム）に上場するメーカーでした。

当時、海外のバイオテクノロジー系企業を買収し、空気中の細菌の量を計測するといった事業を展開し始めていたこともあって、タイミングよく採用してもらえたのです。

上場企業ということもあって、それほど給料が悪いわけではありません。また、神奈川県・湘南にある研究所に勤めたのですが、最寄りの社員寮の寮費が1万円程度というかなりの好条件だったのです。

給料は相変わらず趣味の〝推し活〟につぎ込みましたが、ボーナスを貯蓄に回すことで、1年で100万円くらい貯めることができました。

一方、会社員生活を4年ほど送っていると、だんだんと危機感を抱くようになりました。実は、寮に入居できるのは30歳までと決まっていたのです。「30歳までにお金を貯めて、家を自分で借りるか買うかしなさい」という会社の方針だったのかもしれません。

私は1年浪人し、大学院で修士号を取得してから就職したので、入社4年目ともなるともう30歳は目前。「寮を出たら、余裕のある生活は送れない……」という現実が、目の前に迫ってきたのです。

さらに独身のうちはまだよくても、結婚する、子どもができる、家を買う、子どもを塾に通わせる……と生活が変化していくと、さらにお金が必要になります。

勤務先の給料は、そこまで低いわけではないものの、高いわけでもない。また入社して4年もいれば、昇給のスピードがそれほど速くないこともわかってきました。

会社に不満はなかったですし、働かせてもらっていることには感謝していました。それでも「このままだと、お金が増えない。それどころか徐々に苦しくなっていくかもしれない」と、急に危機感に襲われたのです。

「せどり」より簡単に利益を得られた“株の衝撃”

大学時代にやっていた「せどり」は、就職してからも少し続けていましたが、1回の取引で得られる差益は数千円程度。大学生にはありがたくても、社会人としてもらう給与からすれば、とても労力に見合うものではありません。

そこで、「どうすればお金を増やすことができるのか」と真剣に考えるようになりました。

そして、収入を増やす手段として思いついたのが、PROLOGUEで述べた「起業」「出世」「投資」という3つの手段だったのです。

ちなみに、「節約」するという手段は、はなから選択肢に入れませんでした。私は「いま楽しむべきことには、いましっかりとお金を使いたい」ということをモットーにしています。その年齢、そのタイミングでしか得られないことがありますから、貯金を優先するあまり、自分の人生に潤いを与えることまでがまんするのは、本末転倒だと思うのです。

趣味のライブで得た感動は一生モノであり、私にとってはお金を節約して貯金に回すよりはるかに価値があります。

ですから、「お金を増やす」というのは、必然的に「どうやって収入を増やすか」という方向に限定しました。

そこで「起業」「出世」は自分には向いていないと判断し、「投資」を選択したわけです。ひと口に投資といっても株式もあれば、祖父がやっていたような不動産もあります。FX(外国為替証拠金取引)については丁半ばくちのようで、自分にはリスクが高すぎると感じて選択肢に入れませんでしたが、「どの投資手法がいいのか」としばらく迷いました。

そんなときに起こったのが、2011年3月11日の東日本大震災でした。

株式市場では株価が下がった銘柄が数多くありましたから、「株式投資を始めるいいタイミングかも」と直感的に思ったのです。

そうして2011年、入社してから4年間のボーナスで貯めた300万円を元手に株式投資をすることにしたのです。

そこからちょっと間が空き、2011年夏になってからのことですが、初めて証券口座を開設。間もなく買ったのが、株価が急落していた東北電力（9506）でした。「福島原発事故の影響で、いまが一番安いはずだ」と、門外漢ながらに考えたからです。

ただし、よくよく調べて買ったわけではなかったので、買ったその日のうちに、少し含み益が出たところで、うれしくなって、すぐに売ってしまいました。

売却益は1300円でした。

いまにして思えば「たったの1300円」ですが、それなりの労力をかける「せどり」と同じくらいの収入ですから、「携帯電話の画面を操作するだけでお金が儲かる、株ってなんて素晴らしいんだ！」と、かなり興奮したことを覚えています（ちなみに当時はスマホではなくガラケーでの売買でした）。

とはいえ、うれしい驚きの一方で、株の怖さも感じました。一瞬で儲かるということは、同じように一瞬で損をするリスクもあるということだからです。

「株価は簡単に上下動するし、勉強しなければ痛手をこうむってしまう。絶対に損したくない！」と強く思い、いったん株の売買を停止。株の本を読むなどして、理論武装してから再度、株式投資に挑むことにしました。

COLUMN 1

なんのために投資をするのか？

突然ですが、あなたはなぜ株式投資でお金を増やしたいのでしょうか？

老後資金を貯めたいから？　子どもの教育資金を貯めたいから？　FIRE（経済的自立と早期退職）したいから？

人によって理由はさまざまでしょうけれども、投資を始める際にゴールを設定することは非常に重要です。

もしあなたが「なるべく損をせずに安定的な投資がしたい」と考えるのであれば、わざわざリスクを負った個別株投資をする必要はありません。

通称「オルカン」として人気の「eMAXIS Slim全世界株式（オール・カントリー）」、S&P500や日経平均といった指数（インデックス）をベースとする投資信託に、毎月数万円ずつ可能な範囲でコツコツと積み立て投資するほうがいいでしょう。

超低金利の銀行預金ではお金は増えないどころか、金利以上のインフレが進むにつれて、現金の価値が目減りしてしまいます。だから、何もやらないよりは20代から30年間、頑張って月5万円ずつ想定利回り7%のインデックスに積み立て投資すれば、30年後には資産6000万円近くになる計算です。

その一方で、「5年以内に会社を辞めてFIREしたい」「何としても大金持ちになりたい」と思っている人に対して、「投資の基本となる分散投資でリスクを減らして投資をしましょう」というのもナンセンスだと思うのです。

また、「いくら必要なのか」も人によって異なります。「老後資金として2000万円ほしい」という人もいれば、「仕事をリタイアしたいから、3億円は必要だ」という人もいるでしょう。

ですから、まずは「なんのために投資をするのか」そして、そのためには「いくら必要なのか」を明らかにしたうえで、「自分はどれくらいの覚悟を持って投資に臨めるのか」を自問自答してみることをオススメします。

株式投資で本気で「億」を稼ぎたいと思うのであれば、継続的に株式の情報をチェックして、日々勉強をしていくことが求められます。

「株式投資は誰にも開かれたチャンス」であることは間違いありませんから、かつての私のように決して高収入の会社員でなかったとしても、お金を増やすことができる最良の方法が株式投資なのです。

〝投資の勉強〟なんていうと、あまりいいイメージを抱くことができないかもしれませんが、ひとたび株式投資の楽しさに触れると、投資対象となる企業や業界に関心を持ち、その興味が国内外の経済・政治へと広がることで、人生がさらに楽しくなるかもしれません。

私自身がそうなりましたから、ぜひみなさんにもその楽しさを知ってほしいと思います。

PART 2

300万円を2年で3000万円に増やした「新高値ブレイク投資」

「新高値ブレイク投資」とは？

新高値ブレイク投資は、「新高値」をつけた株を買い、さらに高値で売却する投資法。株価チャートの「高値」や「安値」を突き抜けて、値上がり（値下がり）することを「ブレイクアウト」といいますが、ブレイクアウト後には株価が大きく上昇（下落）するケースが多く、株価が大きく上昇するタイミングを狙って売買します。

STEP 1 年初来高値や昨年来高値を更新した「新高値」の銘柄を証券会社や株式情報サイトでスクリーニング（選別）して絞り込む

STEP 2 スクリーニングした新高値銘柄のなかから、〝株高の初動〟に入っていそうな銘柄を説明資料などからピックアップ

STEP 3 絞り込んだ会社に好調な売れ行きが期待できる有力商品・サービスがあれば、実体験してチェックする

STEP 4 業績&株価の向上が最も期待できる銘柄に投資する

STEP 5 株価の上昇が続く間は持ち続け、場合によっては買い増し（株価が上昇せず、買値から8%下がったら損切り）する

さて、いよいよ私が実践した投資法について、具体的に解説していきましょう。

本格的に株式投資を始める前、私は株式投資の本をかなり読みました。ネットの情報は断片的で、真偽が定かではないものも多いので、体系立てて株式投資の勉強をするには、本を活用するのがコスパもタイパも一番いいと考えたのです。

最初に読んだのは、アラブ首長国連邦（UAE）の政府系ファンド「アブダビ投資庁」で日本株運用部長（ファンドマネージャー）を務めていた林則行氏の著書『伝説のファンドマネージャーが教える株の公式』（ダイヤモンド社）でした。

そこで紹介されていたのが、成長企業の株を年初来高値や昨年来高値といった「新高値」を更新した時点で買う「新高値ブレイク投資」だったのです。

「新高値」とは、簡単にいえば「株価の最高値」のこと。新高値ブレイク投資では、最高値を更新した銘柄は「まだまだ上がるはずだ」と考えます。売ろうと（利益確定）する人が少ない一方、伸び盛りの株を買いたい人は多いので、株価はさらに上がり、新しい高値のステージに入っていくという考え方に基づく投資法なのです。

最初に読んだのが「新高値ブレイク投資」を提唱した本だったことも多少は影響していますが、それを差し引いても、この投資法は理にかなっていると感じました。

その後も数十冊は株式投資本を読みましたが、本格的に投資を始めようとした時点で新高値ブレイク投資より魅力的な投資法を見つけることはできませんでした。

最初に「過去2年」と期間を指定して、その間に「新高値」をつけた銘柄をスクリーニング。それぞれの銘柄について、「業績」をチェックして将来性を考えるというやり方で、目ぼしい銘柄を発掘しました。

なお、新高値をつけた銘柄をスクリーニングする「期間」については、「過去2年」のほかにも「年初来」「上場来」「過去1年（52週）」などさまざまあります。一般的な投資情報サイトでは「過去2年」でのスクリーニングができないので、私自身は現在「52週」でチェックしています。

身近な会社で「新高値ブレイク投資」を実践

結果として私が選んだのは、増収増益で売上高も利益も右肩上がりのジェイアイエヌ（現・ジンズホールディングス：３０４６＝以下、ジンズ）でした。

ジンズは２００１年、福岡に開店した激安メガネ店からスタートしました。手ごろな価格が消費者にうけ、わずか5年後に大阪証券取引所のヘラクレス（現・東証グロース）に上場。しかし、競合他社の新規参入や２００８年秋に起こったリーマン・ショックの影響で、株価は下落し、２００９年12月には１株39円まで落ち込みました。

しかし、そこから劇的な復活を遂げるのです。田中仁《ひとし》ＣＥＯ（最高経営責任者）は、ファーストリテイリング（ユニクロ）の柳井正社長との対談で、**「これまで安いメガネを販売してきたものの、そこにビジョンが欠けていた」**と気づかされたそうで、この点を見直すことがブレイクスルーをもたらしました。

田中ＣＥＯは、「安いメガネを提供する」だけでなく**「メガネをかけるすべての人によく見える、よく魅せるメガネを市場最低・最適価格にて新機能、新デザインを継続的に提供する」**というビジョンを掲げました。

この方針に従って、追加料金０円の料金体系や従来の3分の1ほどの重さしかない「エアフレーム」シリーズを展開。２０１１年にはパソコンやスマホなどから出るブルーライトをカットできるメガネを売り出して、これが見事にヒットしました。

その結果、株価が急回復して同年10月には1株６００円台まで上昇し、過去2年の上場来高値を更新。翌11月には1株８００円台、翌年3月には1株１２００円台と株価が上昇していきました。このタイミングで、私は「新高値ブレイク投資」を実践したのです。

2重3重の株価上昇材料がそろい大勝負に出る

ジンズは２０１１年9月に〝度なし〟のブルーライトカットメガネの販売を開始してヒ

ットしましたが、私のように普段から〝度つき〟の眼鏡を使っている人には〝度なし〟のブルーライトカットメガネは非常に使いづらいものでした。

「〝度つき〟のブルーライトカットメガネが出たらヒットするのに……」と思っていたところ、２０１２年5月に〝度つき〟のブルーライトカットメガネの販売を開始するというニュースが飛び込んできました。

私は発売初日にジンズの店舗に行って予約、そして完成後に早速、職場で使ってみました。すると、すぐに会社の同僚から「あっ、それってジンズのメガネですよね」と指摘されたのです。

身近な人にまで認知されているということは、かなりの業績拡大と株価上昇が期待できる状況だと踏みました。しかも、実際にデスクワークで使ってみると、パソコン作業がラクになるのを実感。ジンズの業績拡大への期待が、がぜん高まりました。

ジンズは月次売上を毎月公表していますが、〝度つき〟のブルーライトカットメガネの販売を開始した翌月（6月）は、もともと好調が期待できる月でした。

というのも、店舗型ビジネスでは、週末（土日＝休日）の回数が多い月ほど売上高が伸びやすいのですが、前年の6月は週末が4回だったのに対して、その年の6月は5回あったのです。

ただでさえ前年同月比で見れば、土日の数が多くて売上が伸びやすいのに、それに加えて売れ筋のブルーライトカットメガネを発売したわけですから、これはもうどう考えても月次売上の数字が跳ね上がるだろうと予測しました。

そうなれば、月次売上の発表を受けて、必然的に株価が上昇するはずです。

株価は「新高値」を更新し続けていましたが、その上昇幅はゆるやかなものでした。当時のジンズは1単元が1000株単位で、1回当たりの売買は100万円以上。元手300万円という私にしてみれば、大勝負となる銘柄でした。

もっとも、このブルーライトカットメガネの登場による6月の月次売上発表のタイミングで、「大きく株価が上昇して、ジンズ株は新しい高値のステージに向かうはずだ」と確信に近い手ごたえを得たのです。

そして、月次売上発表までの間に、資産の全額をジンズ株にベットしました。

元手300万円では現物株だと2単元しか買えなかったので、信用取引（218ページ参照）も少し使いました。

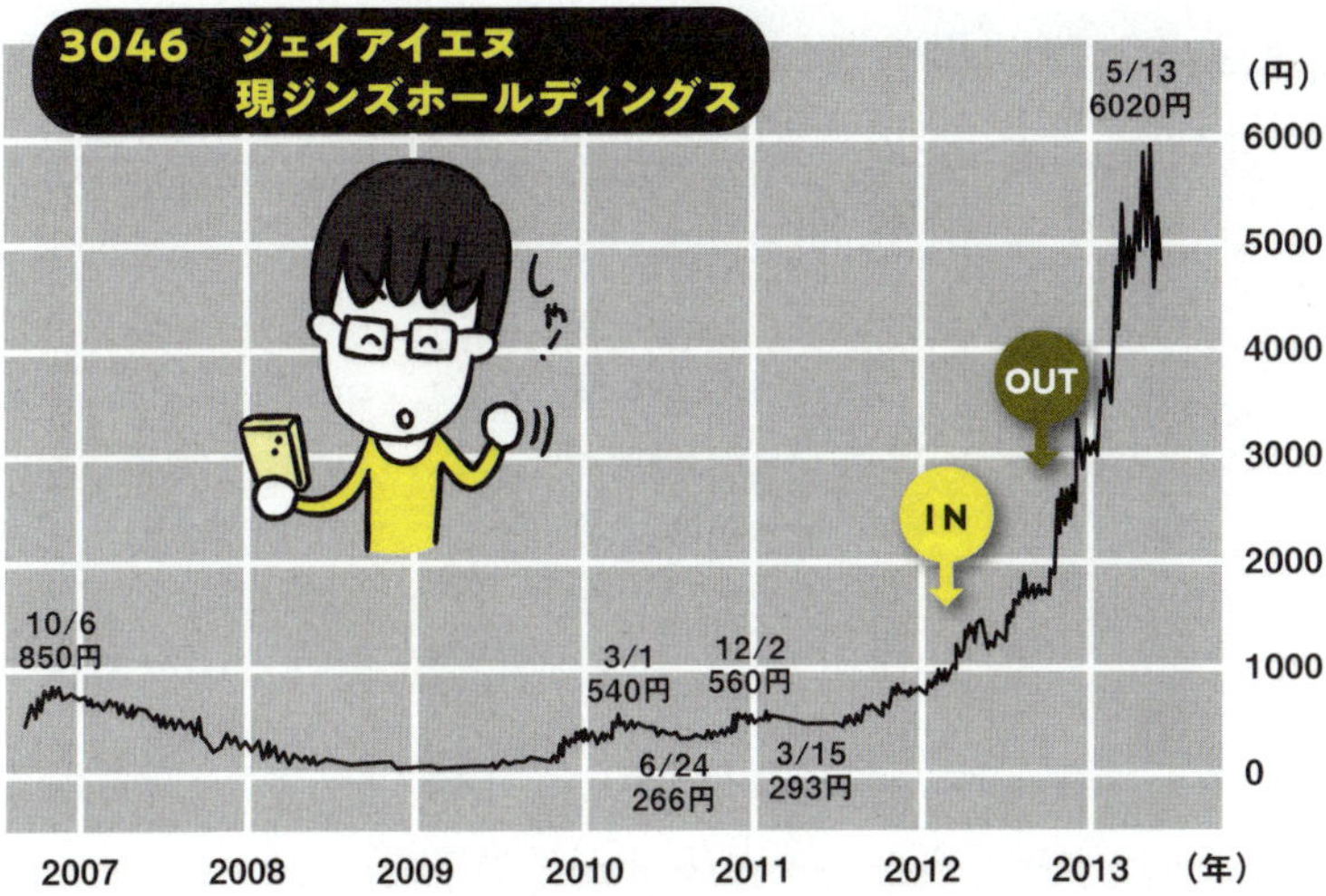

確信に近い思いから元手300万円を全額ベットした結果、株価は急上昇（頭と尻尾はくれてやれ……）

すると、2012年6月時点で1株1400円台だった株価は、同年12月に1株3000円超と倍増。その過程で何度も小刻みに売買していますが、**元手300万円が、わずか1カ月で760万円まで増えたのです。**ちなみに最後に売ったとき（2012年11月14日）の株価は1株2569円でした。

最初の本格的な株式投資にもかかわらず、短期間でこれだけの利益を得られたことで満足だったのですが、上の株価チャートを見るとわかる通り、翌年には1株6000円を超えるまで株価が上昇しました。

「一度モメンタム（勢い）がつくと、株価は大きく上昇する」という新高値ブレイク投資の絶大な突破力を目の当たりにしたのです。

約定日 受渡日	銘柄	口座	信用 区分	取引	売却決済 単価(円)	売却／決済 額(円)	平均取得価 額(円)	実現損益 (円)
2012/07/11 2012/07/17	ジェイアイエヌ 3046	特定	制度	売埋	1000株 1628.0	1,628,000	1,290.00	334,337
2012/07/11 2012/07/17	ジェイアイエヌ 3046	特定	制度	売埋	1000株 1634.0	1,634,000	1,320.00	310,274
2012/07/20 2012/07/25	ジェイアイエヌ 3046	特定	制度	売埋	1000株 1,603.0	1,603,000	1,429.00	171,271
2012/07/20 2012/07/25	ジェイアイエヌ 3046	特定	制度	売埋	1000株 1,598.0	1,598,000	1,567.00	29,200
2012/07/25 2012/07/30	ジェイアイエヌ 3046	特定	制度	売埋	1000株 1,479.0	1,479,000	1,558.00	-81,819
2012/07/25 2012/07/30	ジェイアイエヌ 3046	特定	制度	売埋	1000株 1,479.0	1,479,000	1,529.00	-51,942
2012/07/25 2012/07/30	ジェイアイエヌ 3046	特定	制度	売埋	1000株 1,479.0	1,479,000	1,539.00	-61,590
2012/07/25 2012/07/30	ジェイアイエヌ 3046	特定	ー	売付	1000株 1,529.0	1,527,791	1,287.00	240,791
2012/07/31 2012/08/03	ジェイアイエヌ 3046	特定	ー	売付	1000株 1,660.0	1,658,791	1,472.00	186,791
2012/08/06 2012/08/09	ジェイアイエヌ 3046	特定	制度	売埋	1000株 1,789.0	1,789,000	1,710.00	78,101
2012/08/07 2012/08/10	ジェイアイエヌ 3046	特定	制度	売埋	1000株 1,851.0	1,851,000	1,709.00	140,972
2012/08/07 2012/08/10	ジェイアイエヌ 3046	特定	制度	売埋	1000株 1,864.0	1,864,000	1,709.00	153,972
2012/08/08 2012/08/13	ジェイアイエヌ 3046	特定	ー	売付	1000株 1,856.0	1,854,791	1,587.00	267,791
2012/08/14 2012/08/17	ジェイアイエヌ 3046	特定	制度	売埋	3000株 1,679.0	5,037,000	1,671.00	22,665
2012/08/24 2012/08/29	ジェイアイエヌ 3046	特定	制度	売埋	1000株 1,662.0	1,662,000	1,636.00	24,162
2012/09/13 2012/09/19	ジェイアイエヌ 3046	特定	制度	売埋	1000株 1,729.0	1,729,000	1,722.00	5,922
2012/09/24 2012/09/27	ジェイアイエヌ 3046	特定	制度	売埋	1000株 1,700.0	1,700,000	1,638.00	60,801
2012/10/09 2012/10/12	ジェイアイエヌ 3046	特定	制度	売埋	1000株 1,929.0	1,929,000	1,675.00	245,681
2012/10/09 2012/10/12	ジェイアイエヌ 3046	特定	制度	売埋	1000株 1,929.0	1,929,000	1,680.00	240,265
2012/10/10 2012/10/15	ジェイアイエヌ 3046	特定	制度	売埋	1000株 1,950.0	1,950,000	1,720.00	220,707
2012/10/17 2012/10/22	ジェイアイエヌ 3046	特定	制度	売埋	1000株 2,100.0	2,100,000	1,845.00	252,472
2012/10/17 2012/10/22	ジェイアイエヌ 3046	特定	制度	売埋	1000株 2,100.0	2,100,000	1,888.00	210,025
2012/10/18 2012/10/23	ジェイアイエヌ 3046	特定	制度	売埋	1000株 2,189.0	2,189,000	1,845.00	341,328
2012/10/18 2012/10/23	ジェイアイエヌ 3046	特定	ー	売付	1000株 2,316.0	2,314,791	1,629.00	685,791
2012/10/18 2012/10/23	ジェイアイエヌ 3046	特定	ー	売付	1000株 2,229.0	2,227,791	1,629.00	598,791
2012/11/06 2012/11/09	ジェイアイエヌ 3046	特定	制度	売埋	1000株 2,349.0	2,349,000	2,408.00	-60,006
2012/11/06 2012/11/09	ジェイアイエヌ 3046	特定	制度	売埋	2000株 2,349.0	4,698,000	2,422.00	-147,542
2012/11/14 2012/11/19	ジェイアイエヌ 3046	特定	ー	売付	1000株 2,569.0	2,567,791	2,414.00	153,791

ジェイアイエヌ(現ジンズホールディングス)株の売買記録を公開!

投資の格言に「頭と尻尾はくれてやれ」とありますが、株価の一番高いところ（頭）で売る、一番安いところ（尻尾）で買うのは、どんなに投資経験を重ねても難しいものです。

とはいえ、当時は「なんでこんなに早く売ってしまったんだろう……」と、その後伸び続ける株価を見ながら、悔しくて悔しくて仕方がありませんでした。

次の新高値ブレイク投資では、「絶対にもっと長く持ってやるんだ」と心に誓いました。

「分散投資」は安全で「集中投資」は危険？

私は株を始めた1年目から元手300万円のすべてを1銘柄に集中投資をしたわけですが、これはよくいわれる〝株式投資の王道〟に反しています。

一般的に「株式投資は分散投資が基本」とされており、投資家が守るべき金科玉条であるかのように喧伝《けんでん》されています。

「とくに初心者は分散投資をしなさい」「1銘柄に集中投資なんてやってはいけない」

――たしかに一般論としては〝無難な正解〟だと思います。

「株式投資に時間を割きたくないけれど、資産を増やしたい」という人であれば、毎月口座から定額が引き落とされる〝ほったらかしのインデックス投資〟で十分でしょう。

2024年から始まった新NISA（少額投資非課税制度）最大のヒット商品であるオルカン、S&P500や日経平均に連動した投資信託をコツコツ続けるのが一番かもしれません。

インデックス投資の平均利回り（リターン）は、投資信託の種類や期間によって異なりますが、年利3～9％程度といわれます。

でも、本書のタイトルに引かれて読んでいるあなたは、「できれば短期間でまとまった資産をつくりたい」と考えているはず。その思いは長期分散による〝ほったらかしの投資信託〟では実現不可能なのです。

テレビのコメンテーターとしてもよくお見かけする経済評論家・加谷珪一氏が著書で、そのことを裏づけるように「儲けるためには集中投資も必要」と述べているので、次に引用します。

「世の中では、リスク分散が絶対的に正しいことのように言われているが、そうではない。以前、株式投資にチャレンジしている人に対して、少ない銘柄に集中して投資するようアドバイスしたことがある。（中略）結局のところ、かなり高いリスクを取った人のなかで、比較的運のよかった人が、特別にパフォーマンスの高い銘柄で一気に資産を膨らませる。その後はある程度リスクを抑えて、安全に運用することで目減りを防ぐ。このような投資パターンの人が、株式投資で財をなした人ということになるだろう」

『お金持ちの教科書』（CCCメディアハウス）より

分散投資した銘柄が、すべて上昇することは、まずありません。投資のプロでもほぼ不可能なのが投資の世界の実情です。

仮に元手300万円で1株3000円の株を100株ずつ10銘柄に分散投資して、「2銘柄が2倍に、6銘柄はそのまま、2銘柄が半値に」になったとしましょう。

すると（30万円×2倍×2銘柄）＋（30万円×6銘柄）＋（30万円÷2×2銘柄）＝330万円。2銘柄も2倍になっているのに、たった30万円しか増えません。

分散投資は〝投資の王道〟ではありますが、資金に限りのある人が、ある程度の短期間で大きく資産を増やそうとするならば、かなりの遠回りになってしまう手法なのです。

ですから、短期間でまとまった資産を得るには、スタート時点においては、自分がきちんと理解できる1〜2銘柄に絞らないといけません。

そもそも「新高値ブレイク投資」で買えるような10年に1度の大チャンスを迎えているような銘柄が、そんなにたくさんあるはずもないのです。

「マイナス8％で損切り」を徹底する

先ほどの例で半値になった2銘柄に全財産を集中投資していたら、「元手300万円が半減してしまうじゃないか！」と指摘する人がいるかもしれません。

もちろん、やみくもに集中投資をするわけではありません。最悪の事態を想定して、損切りのマイルールを設けるのです。具体的には、購入した株価が8％下落したら損切りするというルールです。

「マイナス8％で損切りする」というマイルールを順守していれば、元手300万円が

276万円に減るだけで済みます。その276万円で、次の有望銘柄に再チャレンジすればいいだけの話なのです。

株を始めたばかりの人であれば、仮に1銘柄について調べるだけでも、かなりの時間を費やすはずです。最初は1～2銘柄に絞り、資産を増やしながら経験を積んで、徐々に保有銘柄を増やしていくべきです。

損切りのマイルールを設けている人は少なくないですが、マイナス20%とか30%で損切りするというケースが多いようです。私にしてみれば、その基準は甘すぎます。

集中投資するからこそ、「マイナス8%で損切りする」という保守的で厳しめのマイルールを課して、リスク回避するのです。

もし元手300万円を1銘柄に全額投資して、もくろみが外れて株価が下落したとしても、「マイナス8%で損切りする」と決めておけば、損失は最大24万円。残った276万円を別の銘柄に投資して、それが仮に2倍になれば、552万円となります。

仮に4回連続下落してマイナス8%で損切りして、次に選んだ銘柄がようやく2倍株になったとしても、結果として資産は400万円を超えるまでに増えます。

日本の株式市場に上場している銘柄は現在3900社ほどありますが、2023年には128銘柄がたった1年で2倍株以上になっています。

「3900分の128」と単純計算すると、1年間で2倍株以上になった割合は約3・3%。「そんなに多いわけではないのでは?」と思うかもしれませんが、2年、3年と時間軸を伸ばせば、300銘柄以上が2倍株になっています。

メガネを常用している私が株式投資をスタートするにあたり、スクリーニングをしつつメガネチェーンのジンズ株に着目して分析したように、まずはプライベートや仕事で自分自身が深くかかわる身近な商品・サービスを扱う会社に着目してみましょう。

実際、2024年はサンリオ(8136)やアシックス(7936)などよく知られる有名な会社が年初から2倍になりました。

意外とすぐ近くに2倍株は転がっていると、私は断言します。

確率論における「期待値」を高める方法

資産が少ないうちは、分散投資をしてリスクを減らすことよりも、**「この株なら勝てる」**

と確信に近い思いを得られる銘柄を絞り込んで、集中投資。それでももくろみが外れて株価がマイナス８％になったら、すぐに損切り。そして、別の銘柄にシフトするほうが、確率論における「期待値」は、かなり高まります。

ただし、銘柄を絞って集中投資するからこそ、漠然と「妄信する」ことは危険です。大事なことなので繰り返しますが、**株価がマイナス８％になった時点で、躊躇《ちゅうちょ》せず、すぐに資金を引き上げて改めてエントリーし直すか、別の有望な銘柄にシフトする**ことが大前提です。

フェイスブックやＸ（旧・ツイッター）などのＳＮＳを利用したものをはじめ、多くの投資詐欺が横行しています。初心者であるがゆえに、だまされてしまう人が本当にあとを絶ちません。

見知らぬ他人が発している儲け話やＳＮＳで見かけた有望銘柄に便乗しようとするのではなく、証券会社のサイトなどで「新高値」をつけた銘柄をスクリーニングし、なぜその株価が上がっているのかを調べ、自分で裏をとりましょう。

最速でお金を増やしたいあなたが、詐欺でお金を失っている暇はないはずです。

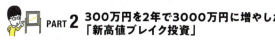

分散投資をしていると、どうしても1つひとつの保有株を監視する労力も時間も分散されます。私は集中投資した分、ジンズ株についてはベテラン投資家にも負けないくらいの知識を持っていたと自負しています。

元手300万円から2年で3000万円に増えた！

最初の本格的な株式投資で元手を倍以上に増やしたところで、私が次に選んだのは、2012年に東証マザーズ（現・東証グロース）に上場し、独立系PR会社として頭角を現してきたベクトル（6058）でした。

世界的なPR専門メディア「PR Week」によると、いまやアジアナンバーワン、世界でも7番目のPR会社として認定されるほど評価の高い会社です。

これも「新高値」をつけた銘柄をスクリーニングして見つけた株です。私が買ったときはまだ上場してから間もないころでしたが、業績は売上高も利益も右肩上がり。

そこでさらに深掘りしてみると、ちょうどそのころ、世の中の広告全体の流れは「マス広告」から「戦略ＰＲ」に移りつつあることがわかりました。

「マス広告」とは、テレビやラジオ、新聞など、特定のターゲット層に絞らない全方位的な広告。**一方の「戦略ＰＲ」とは、単に広告を打つだけでなく、積極的にその商品が売れるための空気をつくり出し、消費者の購入行動を後押しすることを指します。**

そのころは日本で２００８年に発売されたｉＰｈｏｎｅが広く浸透しつつあり、「アンドロイド端末ではなくｉＰｈｏｎｅを持っているほうがかっこいい」という〝空気感〟がありました。

このことを通じて、これからの時代にモノを売っていくためには、商品・サービスに関心を持ってもらうための「テーマ」を発掘し、世の中が関心を持つ〝空気〟をつくり、消費者が買う理由をつくる必要があると、私なりに解釈していました。

また、スマホの普及により、従来のテレビ広告だけでなく、ＳＮＳも含めたさまざまなマーケティング手法が出てくると考えていました。

そのことからも「戦略ＰＲ」の考え方にかなり同意し、この先ニーズが高まるテーマだ

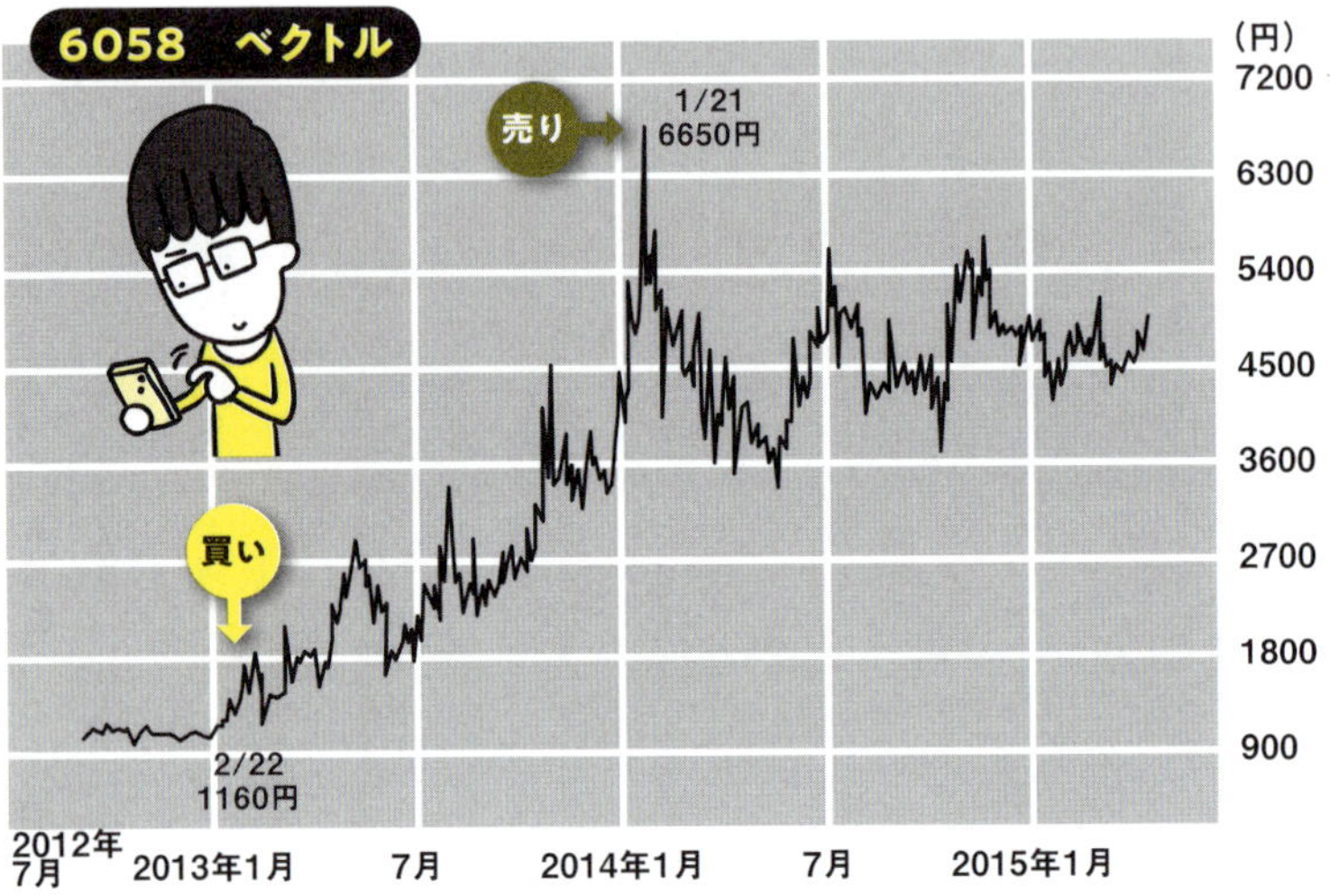

本格的に投資を始めて2年目に全資産を集中投資して資産を3000万円に押し上げたベクトル株

と考えたのです。まさにベクトルは「戦略PR」を先進的に掲げて業績を伸ばしている銘柄でした。

ほかに調べても、ベクトル以上に戦略PRがうまい会社は見当たらない。「次はこれだ！」と確信に近い思いを得て、株価チャートのトレンドをはかりつつ、2年目は全資産をベクトルに集中投資しました。

ベクトルは2013年1月時点では1株1750円ほどでしたが、1年後には一時6200円超と3倍を超える水準まで上昇（株式分割前の株価換算）。私はそこで売却し、資産3000万円へと急増させることに成功しました。

わずか2年で元手300万円を10倍の3000万円に増やしたのです。

ベクトルの株価チャートは、その後、下がったり上がったりを繰り返すようになりましたから、これはかなりいいタイミングで売買できました。

もちろん、全体的な上昇相場の後押しも影響していました。日経平均株価は2008年10月に7162円90銭まで下落しましたが、2012年ごろからようやく上昇の兆しが見え始めました。

安倍晋三首相（当時）が2012年末に経済政策「アベノミクス」を提唱したことを機に、金融緩和と機動的な財政出動で経済を刺激し、円安によって企業の利益拡大をはかった流れにのったことも大きかったのです。

「新高値ブレイク投資」は、その銘柄が「新高値」をつけたとき、多くの投資家が「もっと株価が上がるはずだ！」と思って買わなければ成立しません。ですから、「株価は上がっていくはずだ」という熱気が渦巻いている上昇相場との相性が、かなりよいのです。

約定日 受渡日	銘柄	口座	信用 区分	取引	売却決済 単価(円)	売却／決済 額(円)	平均取得価 額(円)	実現損益 (円)
2014/01/14 2014/01/17	ベクトル 6058	特定	ー	売付	100株 4,870.0	486,759	3,308.00	155,959
2014/01/14 2014/01/17	ベクトル 6058	特定	ー	売付	100株 4,870.0	486,758	3,308.00	155,958
2014/01/14 2014/01/17	ベクトル 6058	特定	ー	売付	300株 4,870.0	1,460,274	3,308.00	467,874
2014/01/15 2014/01/20	ベクトル 6058	特定	ー	売付	200株 4,805.0	960,517	3,308.00	298,917
2014/01/15 2014/01/20	ベクトル 6058	特定	ー	売付	300株 4,800.0	1,439,274	3,308.00	446,874
2014/01/21 2014/01/24	ベクトル 6058	特定	ー	売付	200株 6,350.0	1,269,236	3,308.00	607,636
2014/01/21 2014/01/24	ベクトル 6058	特定	ー	売付	1000株 6,240.0	6,238,791	3,308.00	2,930,791
2014/01/21 2014/01/24	ベクトル 6058	特定	ー	売付	200株 6,220.0	1,243,194	3,308.00	581,594
2014/01/21 2014/01/24	ベクトル 6058	特定	ー	売付	200株 6,220.0	1,243,517	3,308.00	581,917
2014/01/21 2014/01/24	ベクトル 6058	特定	ー	売付	100株 6,210.0	620,759	3,308.00	289,959
2014/01/21 2014/01/24	ベクトル 6058	特定	ー	売付	200株 6,200.0	1,239,236	3,308.00	577,636
2014/01/21 2014/01/24	ベクトル 6058	特定	ー	売付	200株 6,200.0	1,239,515	3,308.00	577,915
2014/01/21 2014/01/24	ベクトル 6058	特定	ー	売付	100株 6,200.0	619,597	3,308.00	288,797
2014/01/24 2014/01/29	ベクトル 6058	特定	ー	売付	100株 5,570.0	556,618	3,308.00	225,818
2014/01/24 2014/01/29	ベクトル 6058	特定	ー	売付	100株 5,570.0	556,618	3,308.00	225,818
2014/01/24 2014/01/29	ベクトル 6058	特定	ー	売付	100株 5,400.0	539,597	3,308.00	208,797
2014/01/24 2014/01/29	ベクトル 6058	特定	ー	売付	200株 5,400.0	1,079,194	3,308.00	417,594
2014/02/03 2014/02/06	ベクトル 6058	特定	ー	売付	100株 5,200.0	519,759	3,477.0	172,059
2014/02/03 2014/02/06	ベクトル 6058	特定	ー	売付	100株 5,200.0	519,758	3,477.0	172,058
2014/02/03 2014/02/06	ベクトル 6058	特定	ー	売付	100株 5,200.0	519,758	3,477.0	172,058
2014/02/03 2014/02/06	ベクトル 6058	特定	ー	売付	100株 5,200.0	519,758	3,477.0	172,058
2014/02/03 2014/02/06	ベクトル 6058	特定	ー	売付	100株 5,200.0	519,758	3,477.0	172,058
2014/02/04 2014/02/07	ベクトル 6058	特定	ー	売付	100株 4,245.0	424,246	3,477.0	76,546
2014/02/04 2014/02/07	ベクトル 6058	特定	ー	売付	100株 4,240.0	423,746	3,477.0	76,046
2014/02/04 2014/02/07	ベクトル 6058	特定	ー	売付	100株 4,235.0	423,244	3,477.0	75,544
2014/02/06 2014/02/12	ベクトル 6058	特定	ー	売付	100株 4,565.0	456,142	3,477.0	108,442

全資産を集中投資したベクトル(6058)の取引を公開!

COLUMN 2

日本株の未来は明るい

長期的に見れば、日本経済は上昇局面にあると私は見ています。これからも全体的な株価は底上げされてくるはずです。

１９８９年から２０１０年までの約20年間、日本経済はずっと下降トレンドをたどっていました。そしていまようやく、そのトレンドから脱したわけです。今後は小さな乱高下はありつつも、２０４５年くらいまでは、少しずつ株価が上がっていくと見ています。

「日本は急激な少子高齢化と人口減少によって明るい将来が見えない」という人もいますが、本当にそうでしょうか。

日本市場での労働力不足も叫ばれていますが、別の視点からすれば、労働力の価値が上昇していくとも考えられます。そうなると、ＡＩ（人工知能）などを活用しつつ、生産性の向上も期待できるはずです。

四方を海に囲まれている日本は、地政学的にも比較的安全だと思います。そのため、戦争に巻き込まれて、株価が暴落するといったリスクも比較的少ないでしょう。

投資環境も、かつてに比べればかなり充実しています。個人投資家が得られる情報は、以前ほど巨額の資産を運用するプロの機関投資家と開きがないように思います。ＩＲ（投資家向け広報）に積極的な企業も増えてきたことで、その差は急激に縮まったのです。

個人投資家にとっては、ネットなどからの情報が豊富だからこそ、その取捨選択を迫られる状況になっているともいえます。ちなみに私の場合、投資対象となる企業の業績やビジネスモデルといったミクロ的な分析には精を出しているものの、マクロ経済についてはそこまで気にしているわけではありません。

もちろん投資家であれば日経新聞を読んだり、テレビ東京系列の経済報道番組『ＷＢＳ（ワールドビジネスサテライト）』を見たりして、経済のトレンドをチェックすることは有効ではありますが、正直なところニュースを読み込んだところで投資がうまくなるわけではないと私は思っています。〝最低限のトレンド〟さえ把握しておけば問題ないでしょう。

ここでいう〝最低限のトレンド〟とは、「インバウンド客が増えている」「労働力不足が深刻になっている」「世界的にインフレが進み、都内のマンション価格が高騰している」というくらいの、投資家じゃなくても耳に入ってくる程度の情報で十分だということです。

「日銀はこう考えているからこう動くはずだ」「ＦＲＢ（米連邦準備制度理事会）はきっとこのタイミングでこう判断するだろう」というレベルを越えて深読みする必要はないのです。

経済アナリストになるわけではありませんし、難しく考えすぎると失敗するとさえ思っています。

PART 3

3000万円を1年で5000万円に増やした「株主優待需給投資」

「株主優待需給投資」とは？

株主優待を受けるには、それぞれの会社が定めている「権利確定日」に、株主名簿に名前が記載されている必要があります。

そのためには、権利確定日の2営業日前の「権利付最終日」までに株を買っておかなければなりません。これを狙って権利付最終日にかけて、株価が上昇する傾向があるのです。「株主優待需給投資」は、その上昇したタイミングを見計らって売却することで、利益を得ようとする投資法です。

外食産業や小売り業、食品・飲料業界の優待券など、個人投資家に人気の高い株主優待がある会社の株価は、「買い」が増える傾向があり、権利付最終日にかけて、株価が大きく上昇するケースもあります。

あくまで株価上昇によるキャピタルゲイン（差益）を狙った投資法なので、株主優待を得る前に株を売却するため、基本的に優待自体をゲットすることを目的としません。

STEP 1 個人投資家に人気のある「株主優待」を提供している銘柄をチェック

STEP 2 「業績は順調か」「その業界全体の業績は好調か」をチェック

STEP 3 （多くの会社の「権利付最終日」が設定されている3月末を見据えた場合）毎年8～9月にかけて相場が荒れ気味になる傾向があるため、その時期の株価が安いときを見計らって買う

STEP 4 2～3月の株価が高まったところで売る

「新高値ブレイク投資」を忠実に実践したことで、元手3000万円をわずか2年で10倍の3000万円に増やせたのですが、「このまま同じ手法を続けても、同じように勝ち続けられるとは思えない」と感じるようになりました。

資産規模が大きくなってくると、集中投資によるリスクが高まることが大きな懸念材料となったのです。実際、資産3000万円にもなると、その金額に少しビビってしまっている自分を感じてもいました。

元手300万円程度であれば、たとえ全額失ったとしても、会社員として数年頑張って働けば、とり戻すことは可能です。けれど、3000万円となれば、そうはいきません。

せっかく資産3000万円まで増やせたのですから、「このお金を失いたくない」という〝守りの思い〟が強まったのは自然なことだと思います。

そもそも「新高値ブレイク投資」の対象となる中小型株はボラティリティ（株価変動率）が大きく、短期間のうちに大きな値動きをすることも珍しくありません。

そこで、攻めの集中投資だけでなく、〝守りの投資〟にシフトする必要があると考えるようになったのです。1年ほど次の投資先がなかなか見つからないなか、「ほかにいい投資法はないだろうか」と調べて見つけたのが、このＰＡＲＴ３で解説する「株主優待需給投資」でした。

私がこの投資法に着目したころ、クオカードや金券、ギフト券などを狙った〝優待ブーム〟が到来し、優待株投資の人気が高まりつつありました。

株主優待を得るには、それぞれの会社が定めた「権利確定日（株主名簿を確定する日）」に、その会社の株を持っている必要があります。

たとえ1年のうち364日にわたってその会社の株を持っていたとしても、権利確定日にその株を保有していなければ、株主名簿に記載されないので、株主優待を得る権利はありません。

優待株特有の値動きを逆手にとった投資法

株主名簿を確定する「権利確定日」は、決算期の末日と同じケースがほとんどです。そのため権利確定日は3月末が最も多く、次いで多いのが9月末となります。

ただし、ここから話は細かくなるのですが、株式の取引は受け渡しに数日を要するため、実際に優待をもらえる権利が発生するのは**「権利確定日」**の2営業日前となるのです。

権利付最終日・権利落ち日・権利確定日ってなに？

「権利確定日」に株を持っているためには
「権利付最終日」までに株を買う必要がある

この日を**「権利付最終日」**といいます。そして、権利付最終日の翌営業日を**「権利落ち日」**といいます。

株主優待をくれる銘柄の株価チャートを見ていると、「権利付最終日」に向かって株価が上がっていって、「権利落ち日」にガクッと下落する傾向にあることがわかりました。

株主優待目当ての投資家は「権利付最終日」に向けて目的の銘柄を買い、株主優待をくれることが確定する「権利付最終日」が過ぎたところで売るケースが多いということです。

その傾向を逆手にとって、株価が上昇している「権利付最終日」の前に保有株を売ってしまうのが「株主優待需給投資」なのです。

勘違いしないようにしたいのは、この投資法は「権利付最終日」までに売却して利益を得るので、基本的に株主優待を得るわけではないということ（株主優待を得るために、最低単元（100株）など対象となる最低限の株数だけ保有することはあります）。

“比較的安全性の高い”超シンプルな投資法

「こんなにわかりやすい規則性があるのなら、新高値ブレイク投資のようにボラティリティの大きな投資をしなくても、安全に資産を増やしていけるのではないか」と考えました。

「株主優待需給投資」は、本当にシンプルな投資法です。基本的には「8〜9月に買った株を2〜3月に売る」だけ。

相場の格言に「麦わら帽子は冬に買え」というのがあります。投資家からあまり注目されていないタイミングで買えば安く手に入りやすいし、買いたい人が増えて株価が上がった段階で売れば利益を得やすいということです。

2024年3月期の東映アニメーション（4816）
株主優待限定クオカード「わんだふるぷりきゅあ!」

毎年8〜9月にかけては、わりと相場が荒れ気味になる傾向があるので、その時期の株価が安いタイミングを見計らって買います。そして、「権利付最終日」が集中する3月末を見据えつつ、2〜3月に株価が高くなったタイミングで売るというシンプルな2つのステップです。

それまでの株価の上下動は、基本的にスルーしますから手間もかかりません。

もともと株式投資を始めたころから、株主優待自体には魅力を感じていました。〝オタク〟の私が魅力を感じたのは、東映アニメーション（4816）の株主優待。毎年、アニメキャラクターが描かれたクオカードをくれるのです。

私が「株主優待需給投資」で買ったのは、東映アニメーション（4816）、バンダイナムコホールディングス（7832）、すかいらーくホールディングス（3197）、吉野家ホールディングス（9861）、日本マクドナルドホールディングス（2702）など。

参考までに、各社の株主優待の内容は次の通りです（2024年度）。

東映アニメーション（4816）

株主優待限定の描きおろしデザインを含む、人気の新作アニメーション2枚、なつかしの名作アニメーションのクオカード2枚（各300円）を1セット

バンダイナムコホールディングス（7832）

全国の加盟店や加盟のおもちゃ売り場内の玩具はもちろん、子ども服・ベビー用品・文具や自転車に引き換えることができる「こども商品券」など

すかいらーくホールディングス（3197）

グループ店で使える3種類のカード（2000円、3000円、5000円）

吉野家ホールディングス（9861）
グループ店で使える優待食事券
日本マクドナルドホールディングス（2702）
マクドナルドの優待食事券（2023年より継続保有期間1年以上の条件がつきました）

個人投資家に人気がある優待銘柄は、やはりＢ to Ｃ（消費者向け）の会社が中心です。

とはいえ、優待が魅力的なＢ to Ｃ銘柄なら、なんでもいいわけではありません。

銘柄を絞り込むときには、**「足元の業績が順調か」「その業界全体の業績が好調か」**もチェックします。

いくら株主優待が魅力的な株でも、基本的に優待を手にするわけではありません。

あくまでもキャピタルゲイン（差益）を得ることが目的なので、株価チャートが右肩下がりになっているような銘柄は、絶対に避ける必要があります。

そのためには業界全体が好調であることが前提になります。２０２０年に始まった新型コロナウイルスまん延による緊急事態は3年も続きましたが、その間、外食やホテル、旅行などの業界が外出自粛による大きなダメージを受け、総崩れになりました。

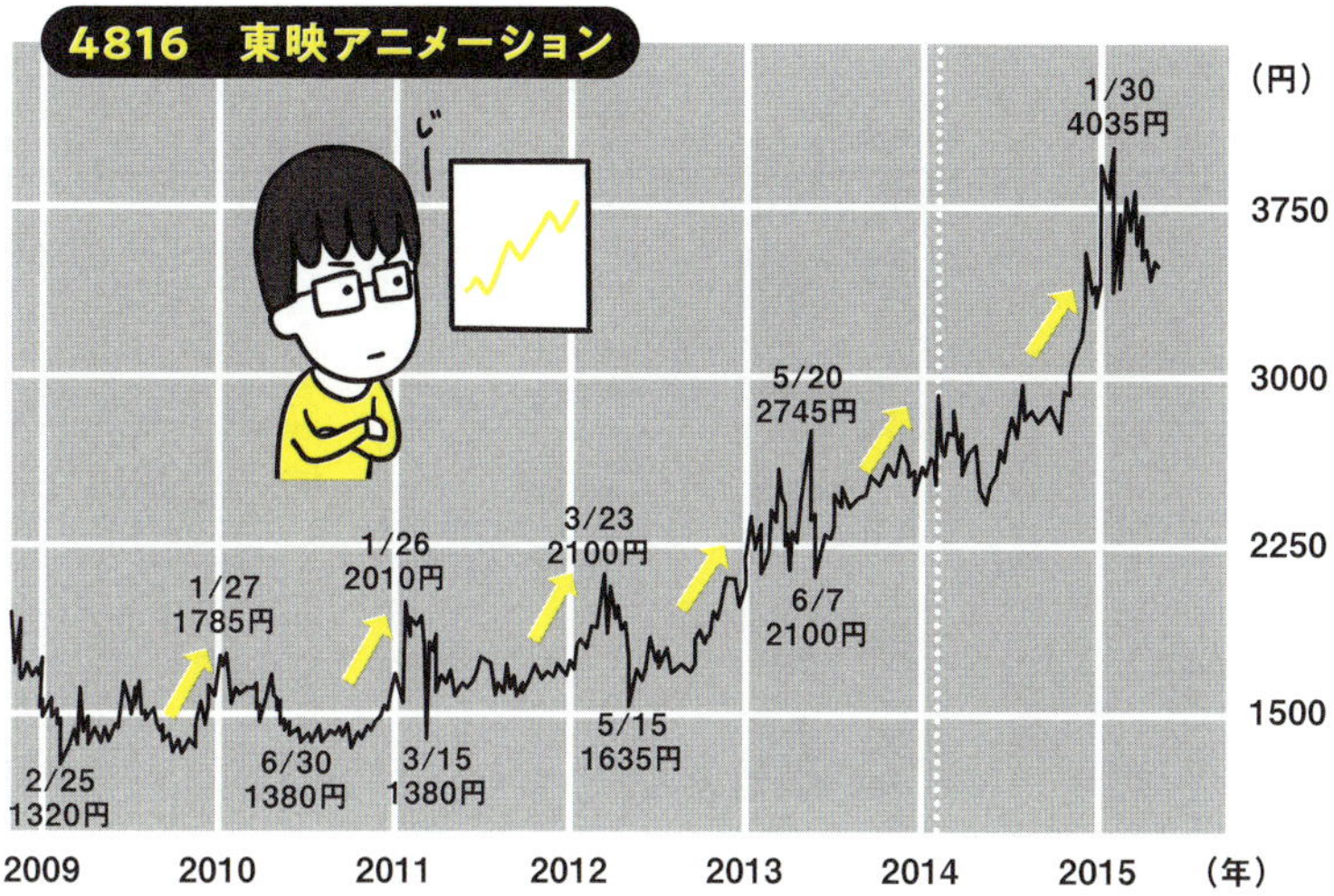

「権利付最終日」がある決算期(3月末)に向けて
徐々に株価が上がる東映アニメーション(4816)の例

いくら株主優待が魅力的でも、大きな打撃を受けた業界にお金を投じては、思惑通りに株価が上がらない可能性が高まるのです。

具体的に株価チャートの値動きを見ながら説明していきましょう。

上の株価チャートは、私が買ったときの東映アニメーション（4816）のものです。権利確定日（3月末日）に向けて、上下動を繰り返しながらも、株価が上昇しているのがわかると思います。

「株主優待需給投資」で購入する株は、それほど株数が多くなくて構いません。集中投資の「新高値ブレイク投資」から一転して、急激な値上がりを期待しない「株主優待需給投資」では、分散投資が基本となります。

この投資法は「買う時期」と「売る時期」がある程度決まっているので、「ここまで上がったら売ろう」「ここまで下がったら買おう」と考える投資とは少し違います。

基本的には、かなりシンプルな投資法なのですが、相場環境がよいときは機能しやすい一方、相場環境が悪いときには機能しにくいケースもあります。

そのため、「地合い（相場の値動き）」が悪そうだと思えば、月をまたいで分散しながら株を買い集めていくといった調整も必要になってきます。

短期間で資産を築きたいなら優待株の長期分散投資はNG

「高配当株や優待株に長期分散投資することが投資の王道だ」というベテラン投資家もいます。

たしかに２０２２～23年は、従来の4市場を「プライム」「スタンダード」「グロース」

に再編する東京証券取引所の改革（東証改革）の流れで、株主還元強化の動きが見られたことから、上場企業の増配や自社株買いなどで株価が上がり、かなり潤った投資家も多いようです。その投資法は、一見してリスクは少ないともいえるでしょう。

ただし、基本的に高配当株や優待株はキャピタルゲイン（値上がり益）を狙いづらくそれなりの年月を必要とする長期視点を前提とする投資法ともいえます。長期間資金が拘束されてしまい、**投資の初期段階でのブースト（押し上げ）がかかりにくいのが一番の難点です。**

そうした投資法で億単位の資産総額に達するには、最初から大きな元手を用意するか、高収入でない限り、長年にわたり節約しながらコンスタントにコツコツと投資にお金を回す必要があるでしょう。

私は元手300万円を2年で3000万円に、5年で1億円にしましたが、この過程で一切資金を追加していません。

さらには資産3000万円を超えてから、元手300万円を初期費用として相殺しています。これと同じスピードで資産を増やすことを高配当株や優待株の長期分散投資で実現するのは、ほぼ不可能だと思います。

株主優待をゲットする“ちょっと邪道な方法”

「株主優待需給投資」を紹介したついでといってはなんですが、株価が下落して損することなく、株主優待をゲットする方法も紹介しておきます。

それは「優待クロス取引」と呼ばれる手法で、「つなぎ売り」と呼ばれることもあります。

優待クロス取引とは、現物取引での「買い」と信用取引での「売建《うりだて》」を同じ株数・同じ株価で約定《やくじょう》させる手法です（「現物取引」と「信用取引」については218ページ参照）。

ちょっとわかりにくいと思いますから、具体的なステップを説明します。

STEP 1 自分がほしい株主優待銘柄の「権利付最終日」の「寄付《よりつき》」の前までに、現物取引の「買い注文」と信用取引の「新規売建注文（空売り）」を同じ株数で「成行《なりゆき》」注文する

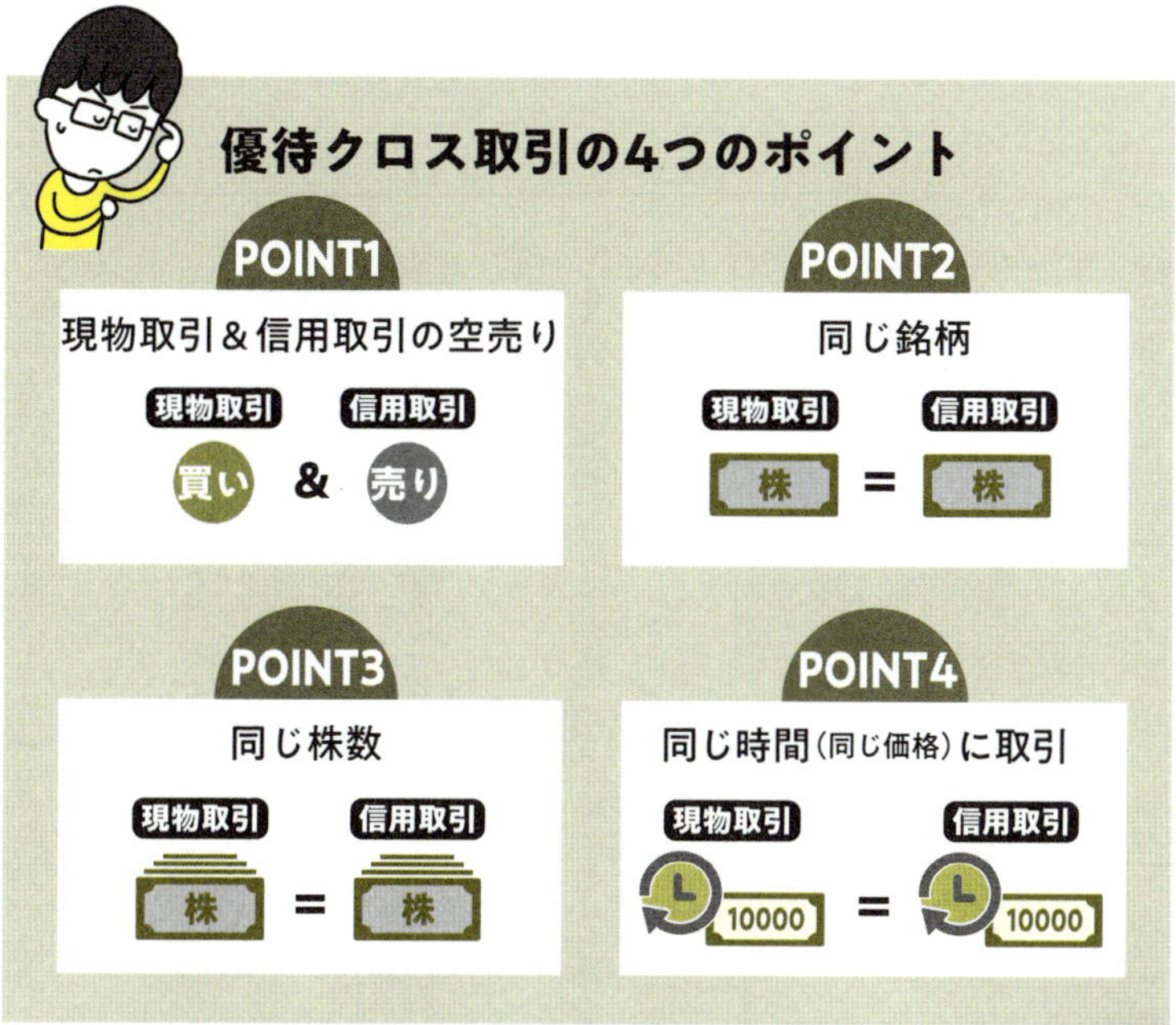

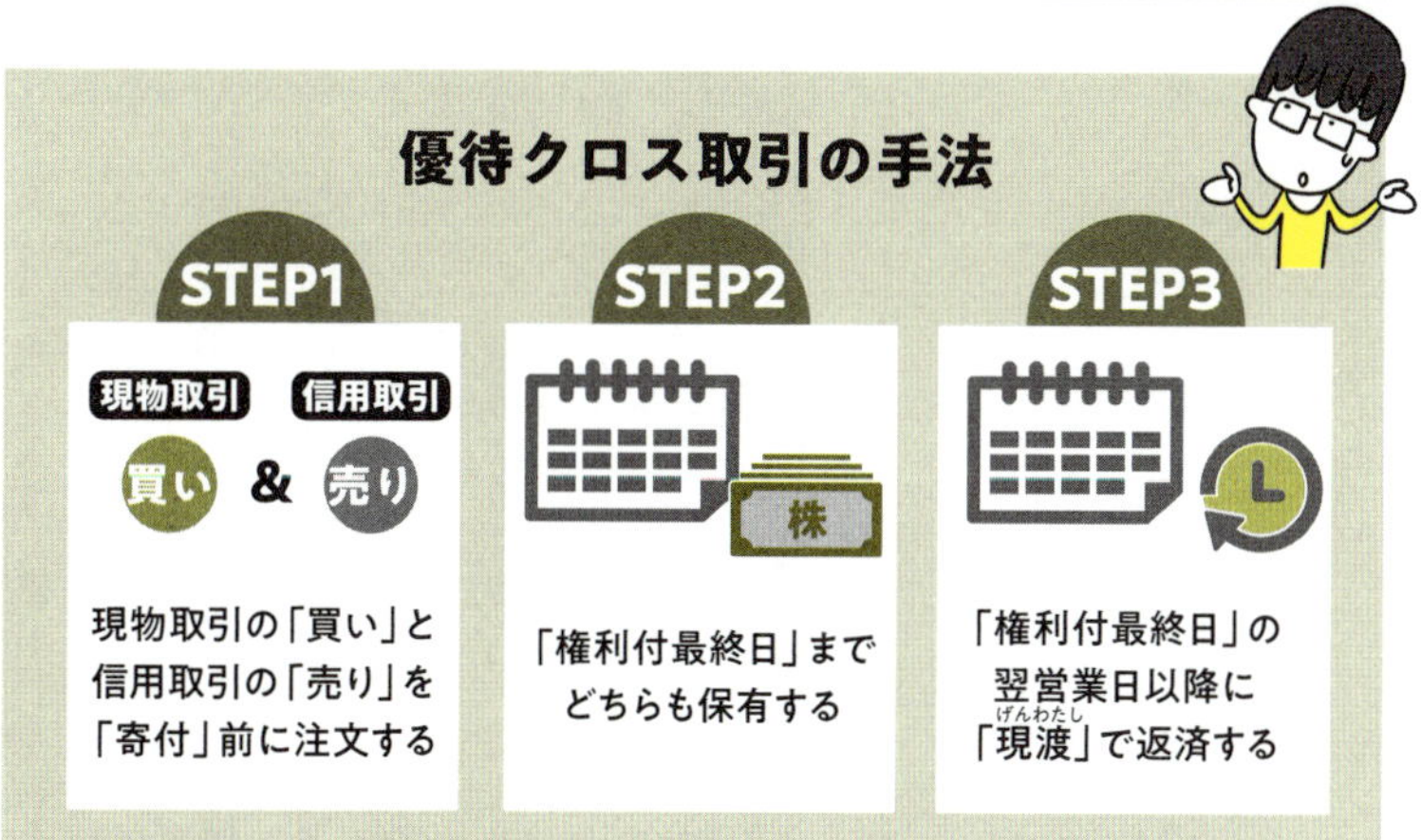

現物取引（買い）と信用取引（空売り）を同時に行って
株価変動リスクを抑えて株主優待をゲットする「優待クロス取引」

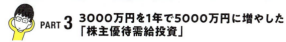

知らない単語が続々と出てきて、戸惑ったかもしれません。まず「権利付最終日」は、78ページで触れましたが、多くは3月末の決算日の2営業日前です。

「寄付」とは、「前場《ぜんば》（午前の取引＝午前9時～午前11時30分）」と「後場《ごば》（午後の取引＝午後0時30分～午後3時30分）」のそれぞれで、最初に成立する取引のことです。

仮に最低単元100株で得られる株主優待をゲットしたいのであれば、手元資金の範囲内で売買する「現物取引」で、あらかじめ値段を決めずに売買する「成行」で100株の買い注文を出します。前日の夜から当日の朝9時までに注文を出しましょう。

それと同時に、信用取引でも100株を成行で「売建」します。「売建」というのは、信用取引における〝株式の売却〟を意味しますが、信用取引では証券会社から株式を借りて売却し、あとから買い戻すことになります。これを「空売り」といいます。これも同様に、朝9時までに注文を出しましょう。

株式投資の経験者には基礎的な知識となりますが、株の注文方法には「成行」と「指《さし》値《ね》」があります。「成行」は株価を指定せずに売買の注文を出す方法、一方の「指値」は株価を指定して、その株価になった時点で約定する注文方法です。

成行注文はほぼ確実に約定できる一方、高値で買ってしまったり、安値で売ってしまったりするリスクをはらんでいます。

指値注文は自分で「この値段なら買い」「この値段なら売り」と指定するので、自分が希望する株価で売買できますが、その株価に至らない場合、約定しないというリスクがあります。

「現物取引」であれ、「信用取引」であれ、株価自体は同じですから、この例では**「午前9時の寄付時点の株価で、現物株100株と信用売り建玉《たてぎょく》100株を保有している」**というリスクを相殺する状態になります。

STEP 2 「権利付最終日」まで保有する

「現物取引の買い」と「信用取引の売り」というリスクを相殺する2つの注文が約定していることを確認したら、あとは「権利付最終日」まで保有すれば株主優待の権利をゲットできます。ちなみに株主優待の権利は信用取引では発生しませんから、あくまで現物株を保有している必要があります。

STEP 3 「権利付最終日」の翌営業日以降に、売り建玉を「現渡」で返済する

「現渡」とは、信用売り建玉を保有する投資家が、現物株式を証券会社に引き渡すことで決済する方法です。

たとえば、「現物取引の買い」と「信用取引の売り」を発注した株式が、「権利付最終日」の寄付時点で1株1000円だったのが、翌日には1株900円に下落したとします。100株保有すると、「現物取引の買い」では1万円の損失ですが、「信用取引の売り」では逆に1万円の利益となり、相殺されるわけです。

こうして株価がプラスマイナスゼロとなり、株価下落のリスクを抱えることなく「株主優待」だけゲットできるというのが「優待クロス取引」の仕組みです。

実際のところ信用売りには「売建手数料」「貸株料」などのコストがかかります。また、銘柄によっては「逆日歩」が発生し、「逆ザヤ」になってしまうこともあります。

逆日歩とは、空売りで株を借りる際、供給不足により発生する追加の「借株コスト」の

こと。逆ザヤとは、空売りで期待する利益幅（ザヤ）が、金利や手数料などのコストで上回られ、結果として損失になることです。

このようにきっちりプラスマイナスゼロというわけではないのですが、うまく活用すればかなりお得に株主優待を得られることは間違いありません。

こうして紹介しておいてなんですが、「優待クロス取引」はいわば〝邪道な投資法〟ともいえます。というのも、「投資家が株を買い、その資金をもとに業績が成長し、その成長が投資家に還元され、さらに投資家が株を買う……」という好循環が株式投資の基礎だからです。

「優待クロス取引」は、ある意味、会社に1円も出資していない株主に対して株主優待を提供するわけですから、既存株主の価値を損ねてしまう側面があります。

個人的には、「どうしてもほしい株主優待がある。でも最速でお金を増やしたいのだから、ここで資金を拘束させるわけにはいかない」というときに、〝少しだけ〟使うくらいをオススメします。

3 「株価＝PER×EPS」というシンプルな公式

株価を表す最もシンプルな公式は、「株価＝PER（株価収益率）×EPS（1株当たり純利益）」です。シンプルにいうと、利益が増えるとEPSは上昇します。PERは、「当期純利益の何倍の値段がつけられているか」がわかる指標です。一般的には「割安」「割高」といった文脈で語られることが多いですが、私は「どれだけ人気化しているか」の指標だと考えています。

日経平均株価のPERは、本書執筆時点でだいたい16倍前後です。成長性の高い企業であればPERが30倍、40倍となることもあります。また、吉野家ホールディングス（9861）など人気の株主優待銘柄は、成長株ではありませんが、PER40倍以上で評価されています。

「株価が上がる」ということは、PERかEPSのどちらか、あるいは両方が上がるということです。PERは前述の通り「どれだけ人気化しているか」の指標なので、業績の先行きが明るければPERは上がりますし、人気優待などで上がることもあります。EPSは業績が上がれば上昇しますし、自社株買いによっても上昇します（詳しくはCOLUMN4参照）

逆もしかりです。PERかEPSのどちらか、あるいは両方が下がると株価は下がります。当然、業績の下方修正が出ればEPSが下がるので、株価は下がります。また一般的に、金利が上がるとPERは下がるため、利上げ局面においては成長(グロース)株ほど厳しくなります(EPSが上がってもPERが下がるため株価が下がってしまう)。実際に2021〜2023年は、グロース株のPERが下がってきた3年間でした。

このように「なんとなくこの株は上がりそうだ」というレベルから一歩踏み込むためには、株価をPERとEPSの要素に分割することが重要になってきます。

PER、EPSの来期、再来期予想を立ててそのうえで将来の株価を計算できると、短期的な株価下落でも慌てることなく、投資家としてかなり成長できるのではないかと思います。

ちなみにPBR(株価純資産倍率)も、PERと並んで株式投資では重要な指標といわれます。PBRは、株価を1株当たりBPS(純資産)で割ったものです。1株当たりの純資産額が高いほど、企業が解散・清算した場合に株主に残る価値である「解散価値」が高いとみなされます。PBRは、バリュー株投資的には「1倍」が割高か割安かの目安とされています。

ただし、私は投資においてそこまでPBRは重要視していません。「PBR10倍を超えていたらちょっと気をつけよう」くらいの感覚です。「株価=PER×EPS」という式には、PBRは出てきません。これが物語るように1〜2年先の株価を考えるうえで、PBRはそこまで意識しなくてもいいのです。

PART 4

5000万円を1億円に増やした「新高値ブレイク+ROE投資」

「新高値ブレイク＋ROE投資」とは？

50ページからのPART2で説明した「新高値ブレイク投資」に「ROE（自己資本利益率）」を重視する点を加えた投資法です。

ROEは「当期純利益÷自己資本」で計算する「株主のお金を使ってどれだけ利益が出たか」がわかる指標ですが、一般的にROE10%以上が優良企業の目安とされています。

50ページの「新高値ブレイク投資」のSTEPに次を加える

STEP +α ROE10%以上の企業を絞り込む

私は「新高値ブレイク投資」から「株主優待需給投資」へとシフトしつつ、資産5000万円を超えたところで、こんなことを思うようになりました。

「新高値をつけるということは、それだけ市場から評価されているということだ。そんな優良株を、新高値をつける前に発掘できたら、もっと儲かるよなぁ」

そこで私は「新高値ブレイク投資」に加えて、「ROE（自己資本利益率）」を重視する投資法へとブラッシュアップしました。

ROEは「投資の神様」とも呼ばれる米著名投資家ウォーレン・バフェット氏も重視していますが、企業が投資した資本に対してどれだけの利益を上げているかを表す指標です。

計算式としては、「当期純利益 ÷ 自己資本 × 100」で表されます。ここにある「自己資本」というのは、返済する必要がない会社の資産（純資産）のこと。**つまりROEは、自分たちのお金をどれだけ効率的に活用できているかを表しています。**

たとえば、当期純利益が1億円、自己資本が10億円であれば、「1億円÷10億円×100」でROE10％。数値が高いほど、効率よく利益を生み出せていることになりますが、前述のように**ROE10％以上であれば優良企業とされるケースが多いです。**

ROE = **当期純利益** ÷ **自己資本**

（自己資本利益率）

株主のお金を使ってどれだけ儲けが出たかがわかる！

当期純利益

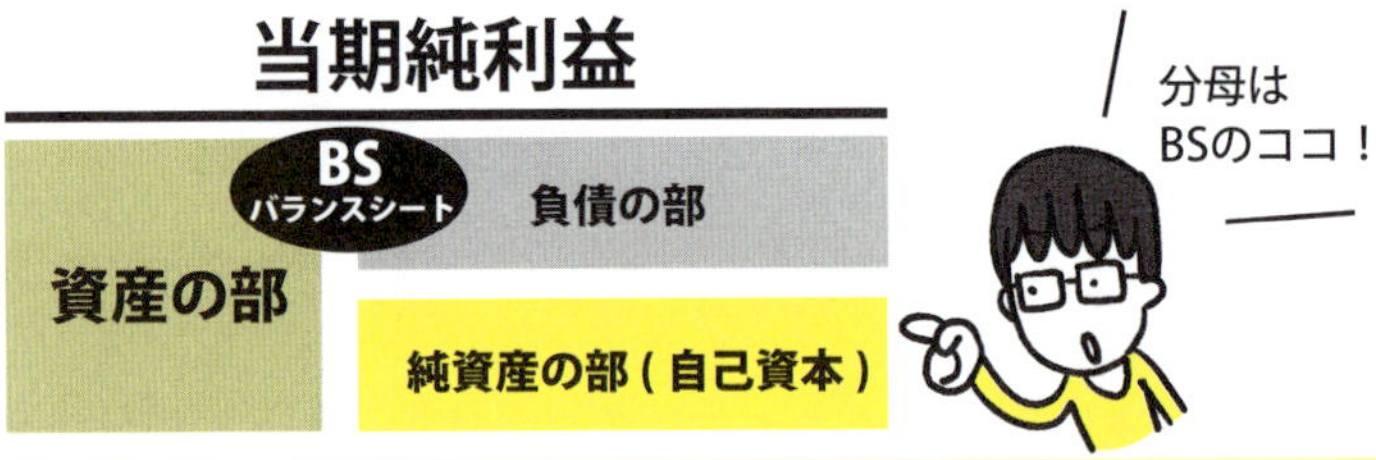

高ROEのメリット ROEが高ければ経営効率がよく投資家から見れば投資価値が高い

高ROEのデメリット 株価が割高水準まで評価されることも多く市況により株価のボラティリティが高まりやすい

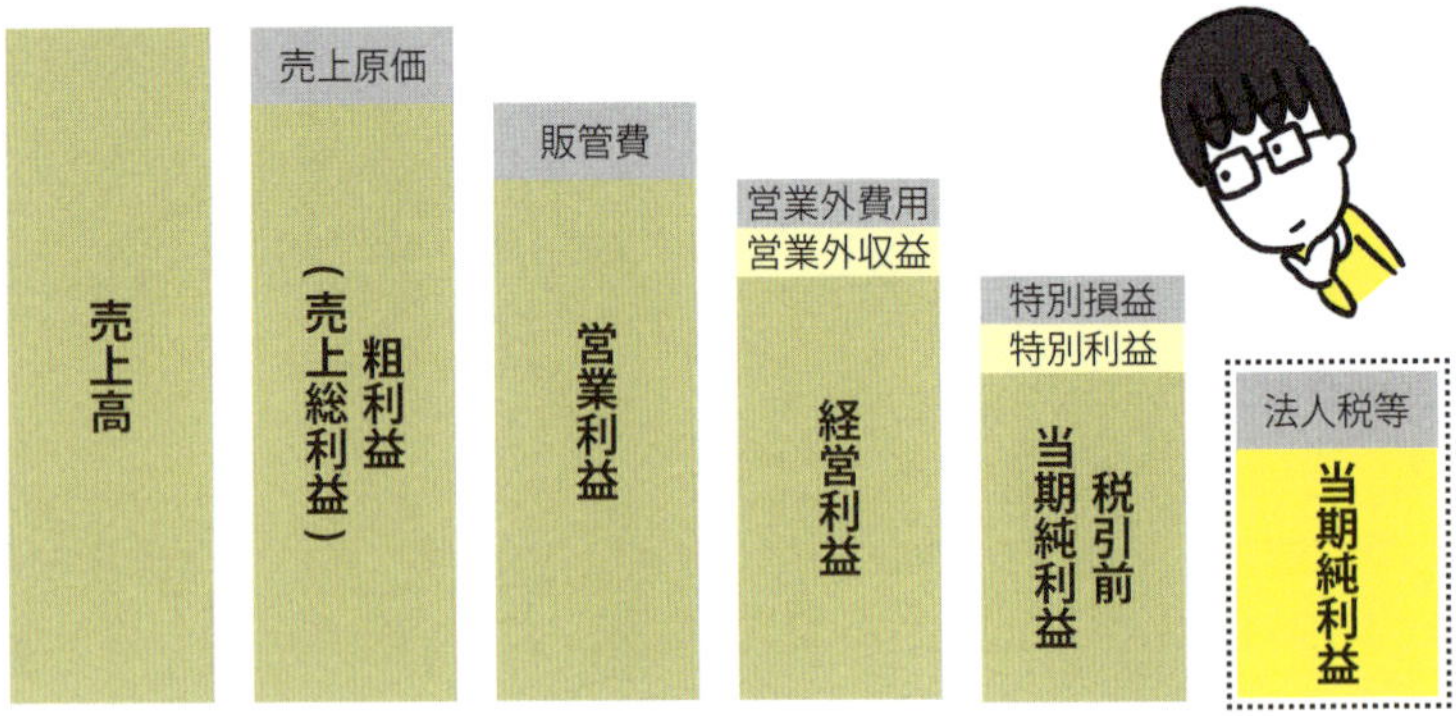

ROE10％ということは、資本が毎年10％増えていくことと同じです。この例でいえば、次の年には当期純利益1億円が1億1000万円に、資本10億円が11億円に増えるのです。そうなれば株価も上がり、増配しやすくなります。つまりROEが高い企業は、「長期的にリターンが大きくなる可能性が高い」といえるのです。

そこで、「新高値」で銘柄をスクリーニングしたうえで、さらに「売上高10％増、利益20％増」という従来のポイントに「ROE10％以上」というポイントも加えて、投資対象銘柄を厳選して精度を高めました。

株価急上昇で儲けるも〝痛恨の凡ミス〟

そうやって厳選することで、私は4つの銘柄を選びました。それが「ペッパーフードサービス（3053）」「PR TIMES（3922）」「システム情報（現・SI&C：MBO［経営陣が参加する買収］により上場廃止）」「学情（2301）」です。

これら4銘柄に1000万円ずつ投資。「株主優待需給投資」でリスクを減らしましたが、ここでもう一度、銘柄選定の精度を高めて、資産の増加スピードをアップさせようと挑んだのです。

1社ずつ説明していきましょう。

立ち食いステーキ・チェーン「いきなり！ステーキ」などを運営するペッパーフードサービスは、2013年に「いきなり！ステーキ」を東京・銀座に出店し、〝立ち食いスタイル〟が話題となり、一躍注目を集めました。

同社は、2006年に東証マザーズ（現・東証グロース）へ上場し、2017年5月に東証2部（現・東証スタンダード）へ変更、同年8月には東証1部（現・東証プライム）へと昇格しました。

株価は2008年から2012年までは低迷していましたが、2014年に1株1000円台まで上昇。その後3年間、1000～1500円のレンジでもみ合いました。私は2017年に1株1100円台で買いました。

その後、2017年10月には1株8230円の上場来高値をつけましたが、私は購入時

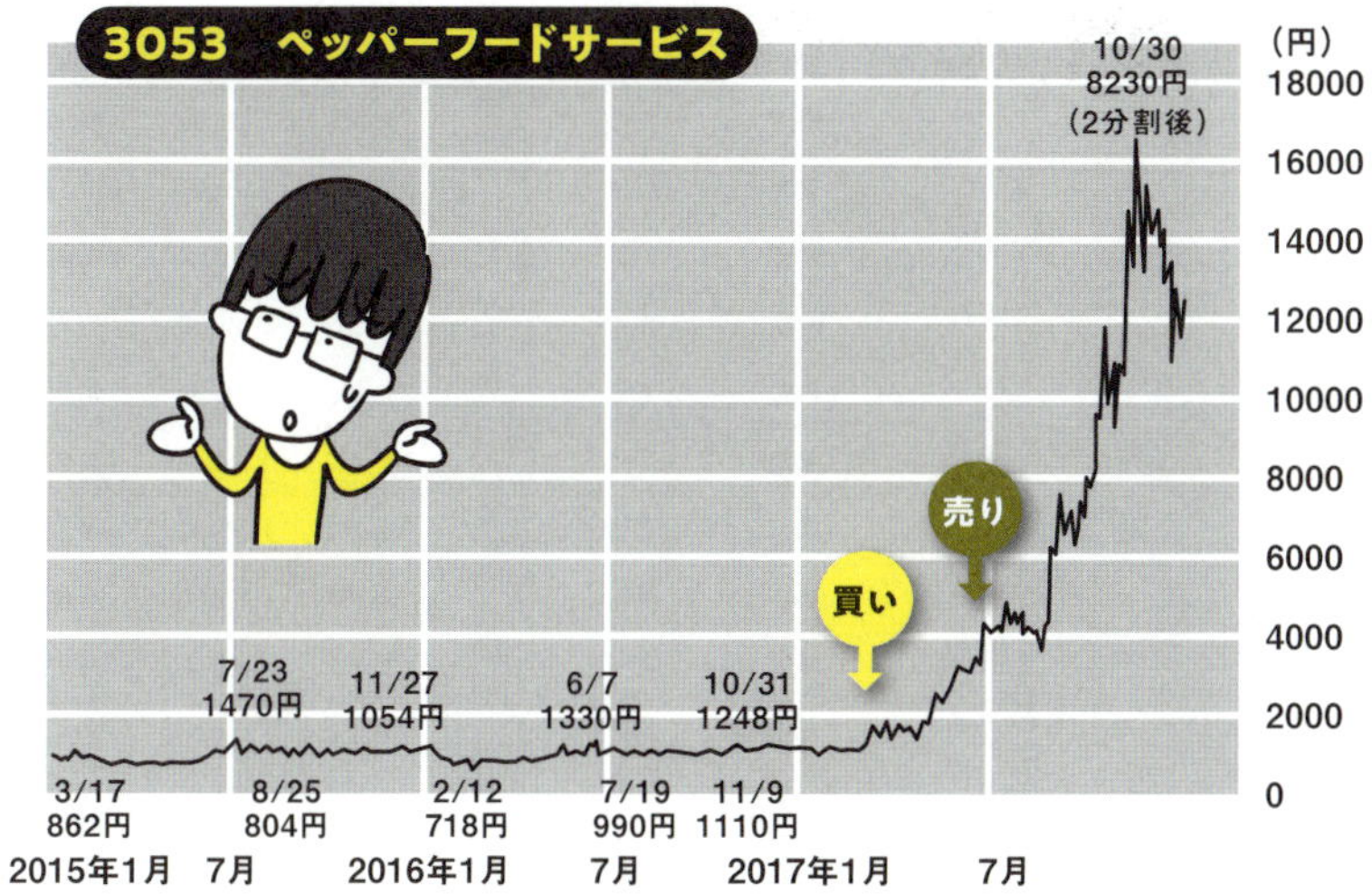

2017年に1株1100円台で買い株価2倍になったところで
保有株を半分売ったら株価が急上昇……

から株価2倍となった1株2000円付近で半分以上を売ってしまいました。

結果論ではありますが、売るのが早すぎました……。ある日、仕事の休憩中、なにげなくスマホで株価をチェックすると、ペッパーフードサービス株が少し下げていました。そのとき、なんとなく、本当になんとなくですが、株価が調整局面に入っているっぽいので、「ここで利益確定しておこう」と保有株を半分売却したのです。

実はその日の引け(株式市場が閉まること)後が、同社の決算発表日。この日、発表された決算がめちゃくちゃよかったのです。

その日が決算発表だったことをすっかり忘れていて、「やってしまった……」と強烈

約定日 受渡日	銘柄	口座	信用区分	取引	売却決済単価(円)	売却／決済額(円)	平均取得価額(円)	実現損益(円)
2017/04/28 2017/05/08	ペッパーフードサービス 3053	特定	ー	売付	100株 1,930.0	192,950	1,185.00	74,450
2017/04/28 2017/05/08	ペッパーフードサービス 3053	特定	ー	売付	900株 1,931.0	1,737,633	1,185.00	671,133
2017/04/28 2017/05/08	ペッパーフードサービス 3053	特定	ー	売付	1,000株 1,931.0	1,930,567	1,185.00	745,567
2017/04/28 2017/05/08	ペッパーフードサービス 3053	特定	ー	売付	200株 1,932.0	386,343	1,185.00	149,343
2017/04/28 2017/05/08	ペッパーフードサービス 3053	特定	ー	売付	200株 1,932.0	386,314	1,185.00	149,314
2017/04/28 2017/05/08	ペッパーフードサービス 3053	特定	ー	売付	100株 1,933.0	193,272	1,185.00	74,772
2017/04/28 2017/05/08	ペッパーフードサービス 3053	特定	ー	売付	100株 1,933.0	193,257	1,185.00	74,757
2017/04/28 2017/05/08	ペッパーフードサービス 3053	特定	ー	売付	100株 1,934.0	193,357	1,185.00	74,857
2017/04/28 2017/05/08	ペッパーフードサービス 3053	特定	ー	売付	100株 1,934.0	193,357	1,185.00	74,857
2017/04/28 2017/05/08	ペッパーフードサービス 3053	特定	ー	売付	200株 1,935.0	386,914	1,185.00	149,914
2017/04/28 2017/05/08	ペッパーフードサービス 3053	特定	ー	売付	300株 1,935.0	580,413	1,185.00	224,913
2017/04/28 2017/05/08	ペッパーフードサービス 3053	特定	ー	売付	100株 1,935.0	193,472	1,185.00	74,972
2017/04/28 2017/05/08	ペッパーフードサービス 3053	特定	ー	売付	100株 1,936.0	193,572	1,185.00	75,072
2017/04/28 2017/05/08	ペッパーフードサービス 3053	特定	ー	売付	200株 1,936.0	387,114	1,185.00	150,114
2017/04/28 2017/05/08	ペッパーフードサービス 3053	特定	ー	売付	100株 1,937.0	193,672	1,185.00	75,172
2017/04/28 2017/05/08	ペッパーフードサービス 3053	特定	ー	売付	100株 1,939.0	193,872	1,185.00	75,372
2017/04/28 2017/05/08	ペッパーフードサービス 3053	特定	ー	売付	100株 1,940.0	193,971	1,185.00	75,471
2017/04/28 2017/05/08	ペッパーフードサービス 3053	特定	ー	売付	100株 1,940.0	193,971	1,185.00	75,471
2017/04/28 2017/05/08	ペッパーフードサービス 3053	特定	ー	売付	900株 1,940.0	1,745,739	1,185.00	679,239
2017/05/31 2017/06/05	ペッパーフードサービス 3053	特定	ー	売付	200株 3,300.0	659,883	1,185.00	422,883
2017/05/31 2017/06/05	ペッパーフードサービス 3053	特定	ー	売付	500株 3,300.0	1,649,709	1,185.00	1,057,209
2017/05/31 2017/06/05	ペッパーフードサービス 3053	特定	ー	売付	100株 3,300.0	329,943	1,185.00	211,443
2017/05/31 2017/06/05	ペッパーフードサービス 3053	特定	ー	売付	200株 3,305.0	660,885	1,185.00	423,885
2017/05/31 2017/06/05	ペッパーフードサービス 3053	特定	ー	売付	500株 3,310.0	1,654,710	1,185.00	1,062,210
2017/06/12 2017/06/15	ペッパーフードサービス 3053	特定	ー	売付	500株 3,520.0	1,759,637	1,185.00	1,167,137
2017/06/12 2017/06/15	ペッパーフードサービス 3053	特定	ー	売付	100株 3,520.0	351,927	1,185.00	233,427
2017/06/12 2017/06/15	ペッパーフードサービス 3053	特定	ー	売付	600株 3,520.0	2,111,566	1,185.00	1,400,566
2017/08/21 2017/08/24	ペッパーフードサービス 3053	特定	ー	売付	300株 7,270.0	2,180,130	1,185.00	1,824,630

4/28が1900円台で決算発表前日に売ってしまった日……
5月末まで持っていれば2倍株、8月末で4倍株、10月は8倍株に成長、嗚呼。。。

に凹みました。主力銘柄の決算発表日を忘れるなんて、あってはならないことです。

案の定、好決算の発表を反映して、翌日はストップ高。それでも500万円分の株が残っていましたから、本来は喜ぶべきところですが、急上昇していく株価を見ながら、「頼むから下がってくれ」と悔しさがこみ上げる始末でした。

結果として大きく儲かったのですが、もし半分売却していなければ、もっと利益を得られていたわけですし、やはりこういうのは、結果論とはいえ何度経験しても悔しさが募ります……。

あとから株価が上昇しても納得できる「株の売り方」

次に、プレスリリース配信のPR TIMES（3922）についてです。2016年3月に東証マザーズ（現・東証グロース）に上場、2018年8月に東証1部（現・東証プライム）に市場変更しています。

２０１７年に「新高値」をつけたので調べた結果、企業のＰＲを効率的に請け負うサービスには、今後も需要が高まると踏みました。さらに私がだいぶ儲けさせてもらった66ページで紹介したベクトル（６０５８）の子会社であるということも、個人的には好印象でした。

２０１７年１月に買ったときは１株１８００円でしたが、同年6月に売ったときは４０００円まで上昇。株価は2倍超となり、もともと30倍台だったＰＥＲ（株価収益率）は50倍程度の水準にまで上昇し、この時点で売却に至りました。

ＰＥＲは、株価を「１株当たりの純利益」で割って求めますが、要するに株価がその企業の利益と比べて「割高か」「割安か」を判断するのに用いられる指標です。

２０２５年２月時点の東証の市場別平均ＰＥＲは「プライム市場：16・３倍」「スタンダード市場：13・０倍」「グロース市場：42・８倍」となっています。

「新高値ブレイク投資」は、グロース市場に上場する中小型株を投資対象とするケースが多いですが、**「ＰＥＲ30倍台までは買い、ＰＥＲ50倍を超えたら売り」というのがマイルール**。これにのっとって売ってしまいました。

ちなみに、このマイルールは、PER15倍未満を投資対象とするような「バリュー（割安）株投資家」からすると、信じられないほど割高な水準です。

毎期のように利益が20～30％も急成長するようなグロース（成長）株については、PER15倍未満で放置されることは基本的にありません。そのため、「新高値ブレイク投資」でPER15倍未満を投資対象にしていると、ずっと買えない銘柄がたくさん出てきます。

私が本格的に売買した最初の株（ジンズ）はPER30倍以上で売買されていましたし、大きな利益を上げたベクトル（6058）も、「PER30倍台で買い、PER50倍を超えたら売り」というマイルールをベースに売買したことで、利益を最大化することができました。同様にPR TIMES（3922）でもマイルールを徹底したのです。

「カップ・ウィズ・ハンドル」が出現？

次に、独立系システムインテグレーションサービスのシステム情報（現・SI&C：MBO［経営陣が参加する買収］により上場廃止）です。

2013年に東証ジャスダック（当時）に上場（2024年2月東証プライム市場上場

廃止）の会社です。２０１７年4月、株価３００円程度の時点で「新高値」となっていたことから着目しました。

かなりのペースで人材採用を加速させていた点が魅力的で、その時点では利益を生まない「先行投資」の段階とはいえ、採用した人材が育って戦力になれば、業績が向上して株価も上がっていくはずだと考えました。

この株を買ったあと、株価チャートが**「カップ・ウィズ・ハンドル（取っ手つきカップ）」**の形を示しました。これは有名な米投資家ウィリアム・オニール氏が説いたことで知られる、理想的な株価チャートの形状の１つです。

一度大きく（30％以上）上昇したあと、U字形で浅めの調整を経て、その後、また上昇してきたかと思ったら、またいったん下落して「短い調整」をするものの、そこから売買高の増加をともなって高値を更新したことを表します。

この「短い調整」で腰の定まらない投資家がふるい落とされ、そのうえで機関投資家の買い集めで株価が上昇します。そして、上昇してきた株価が「新高値」をつければ、その後、急騰しやすいとされているのです。

私は、これを以前読んだ『オニールの成長株発掘法』（パンローリング）という本で学んでいました。

システム情報は、２０１７年4月に１株３００円まで上昇してきたところで買い、翌２０１８年9月、１株９００円と株価3倍になったところで、いったん半分くらい売却して利益確定。それでも、依然として割安感があったので、半分は保有し続けました。

いったん大きく下げた局面があったのですが、最終的には２０１９年4月、１株１２００円が近づき、株価4倍になったところで全株売却したのです。

いま振り返ってみれば、含み損こそ抱えなかったものの、大きく値を下げた局面があったことから見ても、過大評価しすぎていた気もします。

しかし、2年ほどではありますが、比較的浮き沈みの激しい成長株を投資対象とする私のスタイルにしては、「その株を長く保有する」という点でも及第点を与えられますし、結果としてはなかなかの成功を収めました。

株価チャートの形状の1つで上昇トレンドの途中に現れる
強気のチャートパターン「カップ・ウィズ・ハンドル」

「カップ・ウィズ・ハンドル」とは？

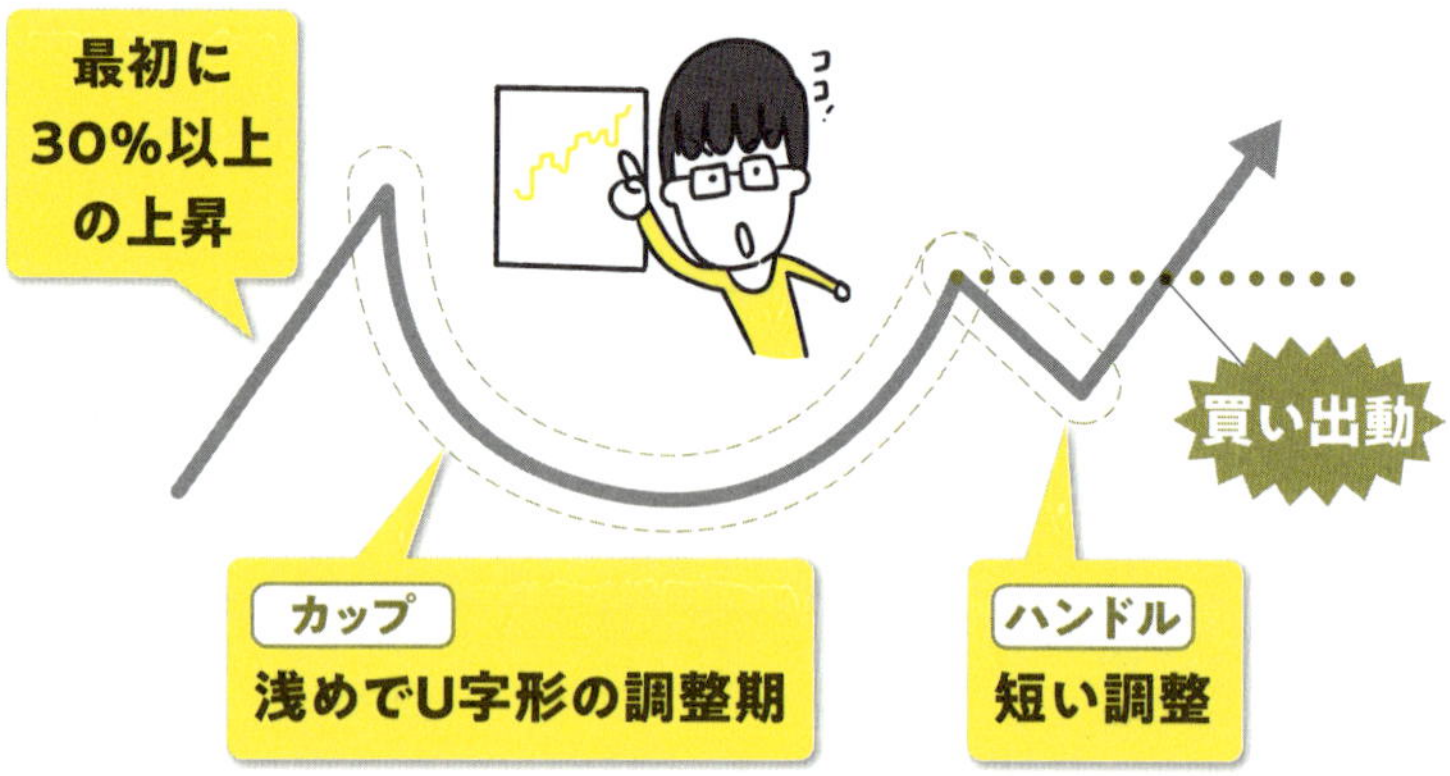

唯一の失敗でマイナス……

次は、新卒向けの就職情報サイト「あさがくナビ」や20代の転職サイト「Re就活」など就職情報サービスの学情（2301）です。

2002年に東証ジャスダック（現・東証グロース）上場、2005年に東証2部（現・東証スタンダード）に市場変更、2006年に東証1部（現・東証プライム）に昇格した会社です。先に挙げた3社は上場後、わずか数年というタイミングで投資しましたが、学情に投資したのは上場後15年たったタイミングでした。

このときに「新高値ブレイク+ROE投資」を実践した4銘柄で、この「学情」だけが失敗でした……。

大きく損をしたわけではないのですが、小幅な上下動が続き、2017年1月に買ったものの、思ったように株価が上昇せず、同年2月から7月にかけて全株式を売却。これは自分の見立てが悪かった以外の何ものでもありません……。

それぞれの利益は次の通りです。

★ペッパーフード
サービス
＝
約1300万円

★PR TIMES
＝
約1000万円

★システム情報
＝
約2600万円

●学情
＝
約マイナス
100万円

トータル
＝
約4800万円
の儲け

資産5000万円のうち、4000万円を1000万円ずつ4銘柄に分散投資、残り1000万円を優待株などに回しましたが、トータルでは投資を始めてから5年目で、資産1億円に到達しました。

4銘柄のうち、1つは失敗したとしても、資産を倍増できるいい例にもなっているのではないかと思います。

COLUMN 4

「株主優待」「自社株買い」「増配」の背景を考える

「株主優待」「自社株買い」「増配」は、一般的に株価が上がる材料だと考えられています。すでに保有している株で「株主優待」「自社株買い」「増配」が新たに発表されれば、株価上昇の要因になるのでラッキーだとは思います。

しかし、これらだけでは「長期的に株価が伸びていくはずだ」と、新たに「買う」という判断にはなりません。むしろ、その背景に投資のチャンスが隠れています。

たとえば「株主優待」の新設が発表されると、たしかに瞬間的にはその企業の株価は上がります。しかし、何度も同じ手を使って株価を上げられるわけではありません。最近は1万円を超える高額なクオカードの優待によって市場の注目を集める企業も多いですが、2度、3度と増額することは難しいでしょう。

しかし、その背景に注目すると、見方が変わってくることもあるのです。業績はよかったものの、これまで市場からまったく注目されてこなかった企業が、株主優待の新設をきっかけに市場の注目を集め、長期的にウォッチしてくれる投資家が増えることで、PERが上がっていくケースがあります。このようなシナリオが立てられるのであれば、十分買いを検討できます。あるいは、そういった施策をいずれ打ってきそうだという〝匂い〟をＩＲ説明会などで嗅ぎとって、先回りして買うケースもあります。

「自社株買い」は、企業が自らの資金を使って、市場に流通している自社の株式を買い戻すことです。投資家が参考にする指標にＥＰＳ（1株当たり利益）がありますが、これは「純利益÷発行済み株式数」で表されます。自社株買いをして市場に流通する株式が減ると、その分、ＥＰＳ算出の分母（発行済み株式数）が減少するため、「純利益」が変わらなくてもＥＰＳの値が上昇。つまり、業績を「上方修正」するのと同様の効果が見込めるわけです。実際に、自社株買いを株主還元の一環として継続的に実施している企業もあります。

一方で、自社株が相対的に割安と感じるときに、今後のＭ＆Ａ（合併・買収）などに備えて自社株買いを機動的に実施するケースもあります。経営者が株価に対して課題意識を持っている会社であればなおさらです。そうした自社株買いには「現在の株価はどう考えても割安ですよ」という企業からの強いメッセージが込められているため、自社株買いのタイミングで、今後の業績成長を信じて買うことは十分にあり得ます。

もちろん「増配」についても同様です。もともと決めていた「配当性向30％」といった自社の指針に沿って増配する場合と、株主還元を強化して配当性向を上げていく場合がありますが、大事なのはその背景を考えることです。それによって長期的な株価上昇が見込めそうなシナリオが描けるかが大事なのです。

PART 5

テクニックを深掘りした「決算モメンタム投資」

「決算モメンタム投資」とは？

「決算モメンタム投資」は、決算を起点に株価上昇に勢い（モメンタム）がついた銘柄を買って、上値を追う投資法です。買いに入るのは、決算発表シーズンのみ。後述する「ＰＴＳ（プライムタイム・セッション＝私設取引システム）」の株価上昇率上位の銘柄をチェックしつつ、決算短信や株価チャートの形も加味して投資します。「新高値」をつける必要はないものの、株価チャートが上昇トレンドになっていることが最低条件です。上昇トレンドが続いている間は保有し続け、上昇トレンドが崩れたと判断したときに売却して利益確定します。保有期間は１～６カ月が目安です。

STEP 1

「ＰＴＳ（私設取引システム）」の株価上昇率上位の銘柄をチェック

STEP 2 なるべく時価総額300億円以上で、株価チャートが横ばいもしくはゆるやかな上昇基調の会社を絞り込む（「新高値」更新間近であればなおよし）

STEP 3 決算翌日から1週間以内に何度かに分けて買う

STEP 4 含み損5％を超えたらいったん売却（その後に上がり始めたら買い直し）

STEP 5 上昇トレンドが続く間は保有（崩れたら売却して利益確定）

年初来高値や昨年来高値を更新して「新高値」をつけた銘柄を購入して値上がり益を狙う「新高値ブレイク投資」を実践していると、「好決算を発表したことで〝サプライズ〟があると、株価上昇の起点になることが多い」と気づくようになりました。

具体的には、好決算から1カ月ほどかけて、徐々に株価に織り込まれて上昇していくケースが目立つのです。

そこでとり入れたのが、好決算を起点に株価上昇に勢いがついた銘柄を買って上値を追

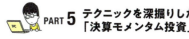

う「決算モメンタム投資」です。

この投資法は、決算資料をいち早くチェックして、好材料があるのにまだ市場に織り込まれていない銘柄を見つけたら、すぐに買い。その後、ほかの投資家が、その銘柄の勢いに気づいて買い、株価が上昇するのを待ち構えるというのが基本スタンスです。

この投資法では、投資する銘柄の「時価総額」の水準に制約はありません。しかし、時価総額300億円未満の小型株は「個人投資家」による投資がメインとなり、それ以上の時価総額になると徐々に巨額資金を運用する機関投資家の参入が期待されます。

私は時価総額300億円以上の銘柄を対象にするケースが多いです（もちろん個人投資家の買いを期待して、時価総額300億円未満の銘柄を買うこともあります）。

なぜなら、決算後も株価が上昇トレンドにのっていくためには、「出来高（証券取引所で売買された数量）」の増加が必要だからです。

出来高が増えるためには、逆説的ですが、多くの投資家が多額の資金を投入しても、売買が成立するだけの〝出来高の大きさ〟が求められます。また、機関投資家が買いに入る場合、1日で株を買うことはなく、何日かに分けて株を買うので、株価の上昇トレンドが継続しやすいです。

短期的な利益を狙う個人投資家ばかりで混みあっている銘柄ではなく、できるだけ1年とか2年といった中長期視点での投資家が「保有したい」と思う銘柄を選ぶことが重要です。なぜなら、短期的な利益を狙う投資家ばかりだと、ひと通り買ったあとの買い手が不在になってしまうからです。

忙しいビジネスパーソンが知っておきたい株式投資術

では、「決算モメンタム投資」の銘柄選びの方法を紹介しましょう。

次の3つのステップが前提になります。

STEP 1 **夜間のＰＴＳ（私設取引システム）の「株価上昇率ランキング」をチェック**

STEP 2 **決算短信やニュースサイトで株価上昇の材料（要因）をチェック**

STEP 3 **ザラ場（寄付から大引けまでの取引時間）内の値動きをチェック**

限られた時間で効率的に好決算をチェックするために活用したいのが、「ＰＴＳ（私設取引システム）」。ＰＴＳは、証券取引所を経由せずに株式を売買できる仕組みです。

東証の場合、市場が開いている午前中の前場（9時～11時30分）、午後の後場（12時30分～15時30分）でしか、基本的に株式を売買できません。より厳密にいえば、その時間内に売買の注文はできるものの取引が成立せず、約定しないケースもあります。

それがＰＴＳを使うと、市場が開いていない昼休憩の間や夜間にも約定できるのです。

なぜそんなことが可能なのかというと、ＰＴＳは証券取引所を通さず、証券会社が独自に運営しているシステムだからです。それが名称に「私設」がつく所以《ゆえん》です。

PTS（私設取引システム）とは？

長所	短所
取引所より売買できる時間が長い	信用取引ができない
	取引所に比べて利用者が少なく、売買が成立する可能性が低い

取引所の場合 → PTSの場合

東証だと10円刻みでしか約定がつかない…

	気配値	
	5530円	
	5520円	
最良売気配	5510円	
	5500円	最良買気配
	5490円	
	5480円	
	5470円	

PTSなら1円刻みで約定がつく

	気配値	
	5511円	
最良売気配	5510円	
	5509円	
	5508円	
	5507円	
	5506円	
	5505円	
	5504円	
	5503円	
	5502円	PTS市場の最良買気配
	5501円	
	5500円	最良買気配
	5499円	

通常の取引時間以外でも証券取引所を通さずに株式の売買ができる「PTS（私設取引システム）」

一般的な会社員や公務員であれば、株式市場が開いている平日の前場・後場の時間帯は仕事をしていますから、機動的な取引ができません。それがＰＴＳであれば始業前や終業後にリアルタイムで売買できるため、会社員兼業投資家には人気の高い仕組みです（ただし、すべての銘柄が取引できるわけではありません）。

日本では、ジャパンネクスト証券の「ジャパンネクストＰＴＳ」とＣｂｏｅジャパンの「チャイエックスＰＴＳ」の２種類がありますが、前ページにあるように取引時間は、利用するＰＴＳによって異なります。

企業の決算発表は通常、東証の「後場」が閉じてからですが、その内容を受けて株式の売買注文をしたとしても、東証であれば約定するのは翌日の朝９時以降です。

それがＰＴＳであれば、東証の後場が閉じたあとでも売買が成立するので、たとえば好決算が発表されたとき、翌日の相場で株価が大きく上昇する前に約定できたりします。

ＰＴＳは通常の注文より価格を細かく刻んで注文できるケースが多いですし、ＰＴＳ取引のほうが、手数料が安く設定されている場合も少なくありません。

PTSの株価上昇率ランキングをチェック

PTSについていろいろと説明しましたが、誤解しないでいただきたいのは、私自身は基本的にPTSで売買するわけではないということ。

あくまで決算シーズンにPTSの「株価上昇率ランキング」をチェックして、新たな投資対象を見定めているだけです。

私は企業情報や株価チャートなどをまとめて確認できる株式情報サイト「Kabutan（株探）」をメインの検索ツールとして活用しており、決算シーズンには「株探」の「PTSナイトタイムセッション　株価上昇率ランキング」を必ずチェックしています。

「株探」だけで好決算を発表した企業をチェックしたり、決算短信を読めたりもしますから、あちこちのサイトを往来しなくて済むので、とても便利なのです。

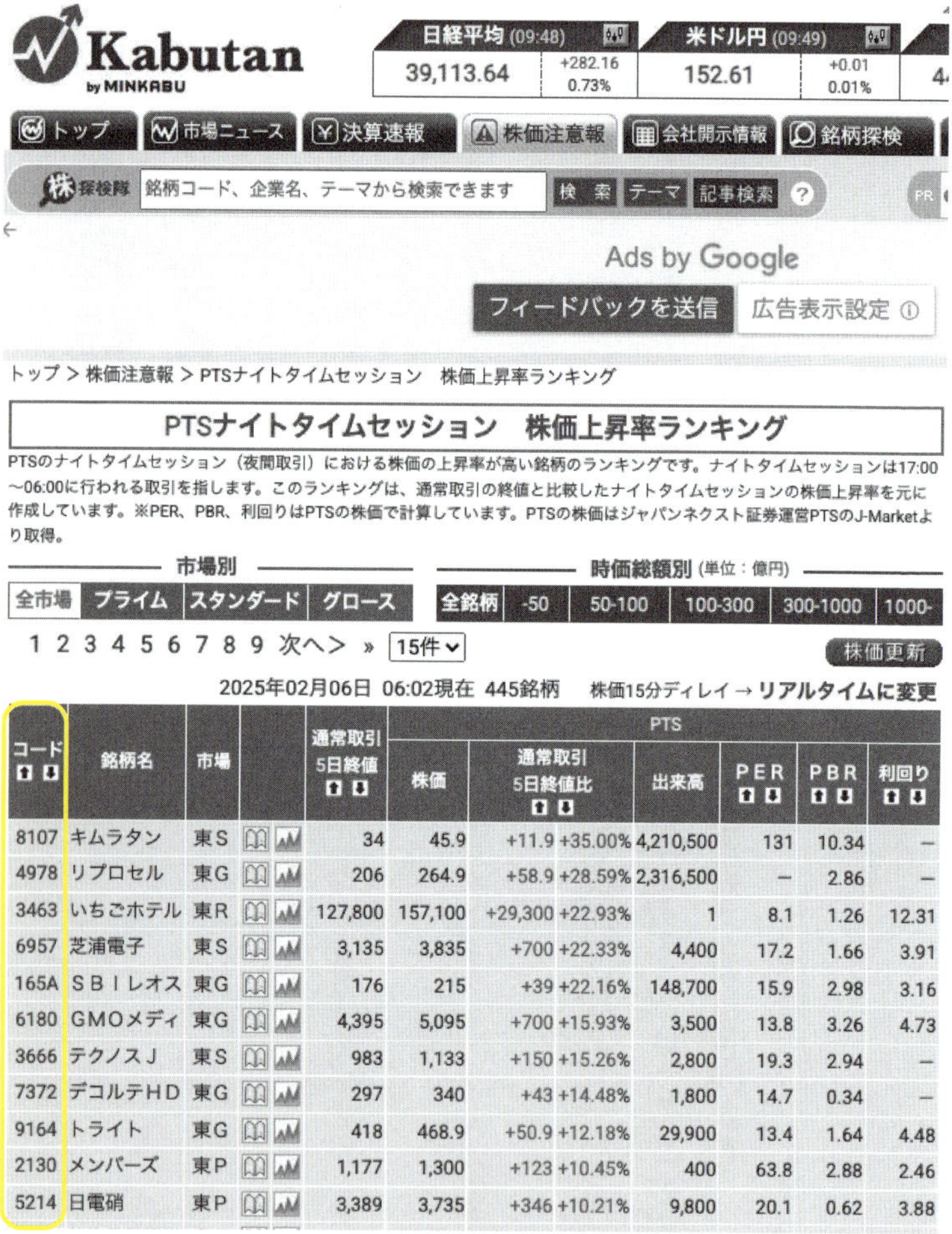

コード	銘柄名	市場	通常取引5日終値	PTS 株価	PTS 通常取引5日終値比		PTS 出来高	PTS PER	PTS PBR	PTS 利回り
8107	キムラタン	東S	34	45.9	+11.9	+35.00%	4,210,500	131	10.34	－
4978	リプロセル	東G	206	264.9	+58.9	+28.59%	2,316,500	－	2.86	－
3463	いちごホテル	東R	127,800	157,100	+29,300	+22.93%	1	8.1	1.26	12.31
6957	芝浦電子	東S	3,135	3,835	+700	+22.33%	4,400	17.2	1.66	3.91
165A	ＳＢＩレオス	東G	176	215	+39	+22.16%	148,700	15.9	2.98	3.16
6180	GMOメディ	東G	4,395	5,095	+700	+15.93%	3,500	13.8	3.26	4.73
3666	テクノスＪ	東S	983	1,133	+150	+15.26%	2,800	19.3	2.94	－
7372	デコルテＨＤ	東G	297	340	+43	+14.48%	1,800	14.7	0.34	－
9164	トライト	東G	418	468.9	+50.9	+12.18%	29,900	13.4	1.64	4.48
2130	メンバーズ	東P	1,177	1,300	+123	+10.45%	400	63.8	2.88	2.46
5214	日電硝	東P	3,389	3,735	+346	+10.21%	9,800	20.1	0.62	3.88

決算シーズンには株式情報サイト「株探（kabutan.jp）」の
「PTSナイトタイムセッション　株価上昇率ランキング」をチェック

このランキングの上位を占める銘柄は、決算シーズンであれば、好決算を発表したことによるケースが多いです。

「株探」の「ＰＴＳナイトタイムセッション　株価上昇率ランキング」を利用した銘柄選びの手順は、次の通りです。

STEP 1 決算シーズンに「ＰＴＳナイトタイムセッション　株価上昇率ランキング」をチェックして、上位から好決算の銘柄を探す

STEP 2 ランクインした銘柄の「コード」の部分をクリックして、株価指標や業績推移など、銘柄の詳細情報を一覧できる画面を表示。上位銘柄から順番に決算や株価チャートなどをチェック

STEP 3 有望だと思った銘柄は、「株探」の画面から企業のＩＲ（投資家向け広報）のページに飛んで、決算短信をチェック。「今期業績の予想」と「上方修正の理由」を真っ先に確認

STEP 4 「これはよさそうだ」と見込んだ銘柄は、ほかの投資家の反応を見ながら、2〜3日以内に数回に分けて購入

ＰＴＳの夜間取引には、投資経験を積んだ感度の高い個人投資家が集まる傾向があるように思います。

そのため、好決算の銘柄がいち早く買われたり、逆に悪材料があった銘柄は過剰に投げ売りされたりすることもあります。

上位にランクインした銘柄でも「赤字決算」の会社は除外します。また、決算発表シーズンに集中して売買するので、大きなロットで買えない時価総額50億円未満の小型株の銘柄は除外します。

これは間違ったときに損切りしないといけないので、自分の売買で大きく株価が変動するリスクを避けるためです。

決算短信をチェックして「上方修正の理由」が不動産の売却など一過性のものなら、これも除外します。

一方、経営改革や事業のテコ入れ、価格転嫁など、継続的に業績向上につながりそうならば、さらに深掘りします。そして、地合いや株価の位置、Ｘの評判なども考慮に入れつつ、最終的に買うかどうかを判断しています。

「決算短信」の3つのチェックポイント

STEP3で「決算短信」をチェックするポイントは、次の3点です。

POINT❶ 材料に〝新規性〟はあるか

増収増益など「好決算」を大前提として、重要になるのが「材料に〝新規性〟があるか」です。「ここ数年、好決算を続けてきて、今回も好決算だった」というのは、新規性があるとはいえません。好決算を連発している会社は、すでに多くの投資家が注目しているケースが多いですし、今回も上がるであろうことがすでに株価に織り込まれている可能性も高いです。

理想的なのは「ずっと減収減益の悪決算が続いてきたけれど、今回の決算で増収増益に転じた！」と劇的に好転したケース。そのような会社は、新商品・サービスが好調であるなど、大きな変化が起きている可能性が高いです。

POINT❷ まだ投資家の注目を集めていないか

一般的に認知度の高い銘柄は、すでに買われているケースが多いです。すると、たとえ好決算を発表しても、「好決算が出たから、とりあえず保有株の半分くらいは利益確定しておこう」と株を売却するケースもかなりあります。「売り」が「買い」を上回ることすらあります。そうなると、どれだけ好決算が発表されても、株価は思うように上がりません。株価が急上昇していくためには、決算前の銘柄の注目度は低ければ低いほどいいのです。

POINT❸ さらに業績が上向きそうか

決算モメンタム投資は、「好決算でした、株価が上がりました」では終われません。材料がもしかしたら大型案件の受注による一時的な収益などかもしれません。

そうなると好業績の継続性は低く、次の決算では業績が下がってしまう可能性があります。決算短信をチェックして経営改革や事業のテコ入れ、価格転嫁など、継続的に業績向上につながりそうな銘柄を選んだあとは、IRに問い合わせるなどして業績向上が続くかをチェックしないといけません。

繰り返しますが、私はＰＴＳでは銘柄をチェックするだけで、基本的に売買しません。

その一番の理由は、ＰＴＳと通常の取引時間のプレイヤーが違うからです。

どういうことかというと、ＰＴＳは小口の個人投資家の売買が多いのですが、株価が上がっていくには「出来高」が増えることも重要です。そのためには運用額の規模が大きく、一度に大きな額の売買をする投資家の参入が必須です。

ＰＴＳでは「この株に大口の投資家が入ってきそうか」はわかりません。

ザラ場（寄付から大引けまでの取引時間）の株価とは乖離することがあるため、ザラ場の動向を見てから買うほうが無難なのです。

このとき、翌日の「前場」の始まり（午前9時）に取引が成立するように「寄付」で「成行」注文をすることが、まったくないわけではありませんが、基本的にはまずしません。

日中は取引できないので、出勤前に成行で注文を出しておいたら、売買が成立した寄付の株価が、その日の最高値だった――なんてこともよくあるからです。

それにもかかわらず、「寄付」「成行」で買う場合の銘柄は、もともと「株探」や「ＩＲ説明会」などで過去に調べたことがあり、すでにビジネスモデルも過去の業績の動向も理解できている銘柄です。そこまで深く勉強する必要がないので、判断が早くなるのです。

決算モメンタム投資は「決算発表後1週間」が勝負

次は、最後のＳＴＥＰ４です。

「これはよさそうだ！」と見込んだ銘柄は、ほかの投資家の反応を見てから、おおむね２～３日以内に数回に分けて購入します。遅くとも１週間以内に買うのが目安です。

１日の値動きで売買を繰り返して利益を重ねていくデイトレーダーは、決算が出るとすぐに利幅の獲得を狙いにきます。取引時間内は、ずっとパソコンのモニター画面とにらめっこして、１回の取引での利益は小さくても、その利益を次の投資にプラスして運用することで、複利効果を得られるからです。

しかし、一般の個人投資家は、そこまで細かな取引をしていられませんし、「決算モメンタム投資」では、決算後１カ月程度の上昇をとりにいきますから、数回の分割購入で十分です。株価が長期的に上がっていくためには、その銘柄に機関投資家などの大きな運用資金が参入してくることのほうが重要なのです。

ここで改めて説明すると、機関投資家とは、顧客から拠出された資金を運用する法人投資家の総称であり、信託銀行や生命保険会社、年金基金などが、その代表例です。

機関投資家が運用する資金は、個人投資家とは比べものにならないほど巨額です。だからこそ1回の取引ではとても売買が成立できず、何回かに分けて売買することになります。

また、自分の資金を自由に使える個人投資家にはない、機関投資家特有の事情もあります。好決算が出てから社内で「この株を買う」というGOサインが出るまで、どうしても少しタイムラグが生じるのです。

機関投資家の場合、決算発表の翌々日、あるいは3日後くらいから買いを入れるケースが目立ちます。

そのため、決算発表から2〜3日後に株価が上昇してくるケースが多々ありますし、なかには2週間ほどの調整期間を経たあとで上昇するケースもあります。

東証などの株式分布状況調査によると、2023年度の日本株の外国人保有比率は前年度比で1・7ポイント上昇し、31・8％と過去最高を更新。こうした状況では、買うタイミングは外国人投資家が日本株を買いたいタイミングなどにも左右されます。

私も初日に3000株買ったとしても、その後、詳しく調べて「今回の好決算には新規性がある」と判断したら株価が下がったタイミングでさらに買い増したり、「一過性の利益である」と判断した場合には早々に売却してしまったりと、さまざまです（決算の詳しい見方については後述します）。

「決算モメンタム投資」は3つの期間で考える

決算モメンタム投資では、決算発表の翌日から1週間以内を目安に買うと言いましたが、好決算翌日の「寄付」では少ししか買いません。いったん様子を見て、下げ止まったか、上昇トレンドが続いたら買いを入れていきます。

そして、上昇トレンドの間は保有し続けます。それが崩れたと判断したら、すぐ売るのが基本ですが、上昇トレンドが続く限り、決算をまたいで保有するケースもあります。

こうした大まかなサイクルを前提に、決算モメンタム投資では、四半期決算から次の四半期決算までの3カ月を、次のように1カ月ごとに分けて3つの期間で考えます。

❶最初の1カ月　好決算が出た場合、最初の1カ月間で、機関投資家を含めた投資家の間に知れ渡り、レーティングの更新が行われます。

❷次の1カ月　『会社四季報』などにも情報が掲載され、次第に株価が横ばいになってきます。

❸最後の1カ月　「次の四半期決算も期待できる」と判断した投資家が多いならば株価は再び上昇トレンドになり、「次の四半期決算はダメそうだ」となれば株価は下降トレンドになります。

保有し続けていても、1カ月後の時点で、「次の決算は業績が下がりそう」あるいは「期待が先行しすぎている」と思えば、そこで売ってしまいます。

「決算モメンタム投資」が機能するかどうかは、地合いにも大きく左右されます。ただし、相場が全体的に下落基調にあり軟調であっても、ある特定の業界だけは順調であることも珍しくありません。

そのため、決算発表の前に「今回の決算では、どの業界が順調そうか」を考え、見込みのある業界以外の銘柄には、基本的に投資しない、もしくは投資する金額を減らすといった判断をします。

決算シーズンに入ったら、先入観をいったんすべて捨て去り、情報をリセットして「どの業界がいいのか」「どのテーマに資金が集まるのか」をウォッチ。決算内容をベースに判断することが大前提です。

ただし、好決算でも、その決算を出口に考えていた人が多く売られてしまう銘柄もあれば、逆に悪決算だったけれども「もう悪材料は出尽くした」と判断されて買われる銘柄もあります。

それはもう株価の動きから判断するしかありません。

決算モメンタム投資「2：6：2」の法則とは？

「決算モメンタム投資」での私の勝率は、どれくらいだと思われますか？

「勝率8割くらい？」などと思われるかもしれません。実際のところ、私が買った銘柄で思惑通りに株価が上がっていく銘柄は1～2割でしかないのです。

1～2割の銘柄が大きなリターンを生み出してくれて、6～7割は損益が出ないままトントンで売却、2割は損切りするというイメージです。

つまり、「儲かる株：得も損もしない株：損する株＝2：6：2」というわけです。

意外だったのではないでしょうか？

それでも資産を増やし続けられているのは、「①適切なタイミングで損切り」しているのと、「②上昇する銘柄の一部が中長期投資に昇格し、大きなリターンに寄与してくれる」からです。

上昇トレンドが崩れたと判断したら、すぐに売ります。買ってから最初の1週間で利益が出なければいったん見切って売却しますし、下降トレンドが続いたら含み損5％以内でいったん損切りします。

実のところ含み損2〜3％で損切りしてしまうことも多いです（その後に上がり始めたら買い直すこともあります）。

決算モメンタム投資では、「モメンタムが崩れたら売却」が鉄則。大きな含み損を抱えてはならないのです。

一方、「決算モメンタム投資」でうまく軌道にのっていく銘柄には、1週間で含み益20％くらいまで到達するケースがザラにあります。ということで、勝率1〜2割でも、損はごく少なく、利益を大きく獲得できるのです。

もちろん、損切りしてから株価が上昇したケースも多々あります。しかし、それ以上に損切りした結果、大きな痛手をこうむらずに済んだケースが多いです。

投資で成功する秘訣は1つではありませんが、私が資産を増やし続けているのは間違いなく「損切り」が大きなポイントといえます。

地合いが悪いときには「逆・決算モメンタム投資」

2022～24年にかけて「決算モメンタム投資」が成功した銘柄は、ゴールドウイン（8111）、東海カーボン（5301）、プログリット（9560）、ハークスレイ（7561）、cotta（3359）、JVCケンウッド（6632）、大平洋金属（5541）、パリミキホールディングス（7455）、三井E&S（7003）などが挙げられます。

ただし、2023年の2月や5月は「決算モメンタム投資」がよく機能したのですが、8月ごろには地合いが悪くなったことから、「何を買っても決算モメンタム投資がうまく機能しない」というタイミングが訪れました。

そういうときには逆手にとって、株価が下がる銘柄を狙うという手もあります。

私はこれを「逆・決算モメンタム投資」と呼んでいます。

具体的には、悪決算が発表されたタイミングで、株価が下落することを見込んで、株を

信用取引（空売り）の利益はどう得る？

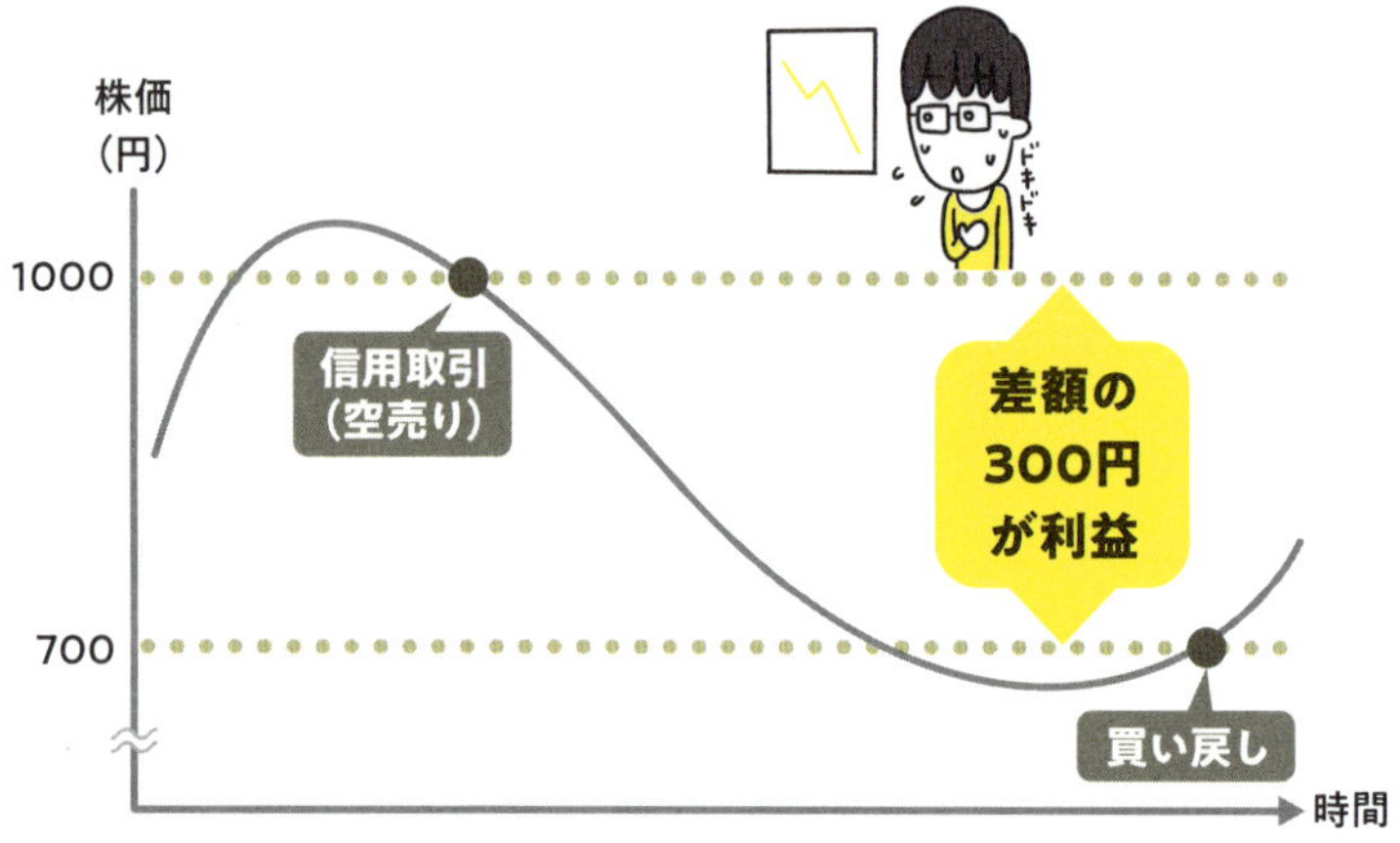

通常の現物取引（買い→売り）とは逆の流れで先に売って
あとで買い戻し株価が下落することで利益を得る「空売り」

ショート（空売り）するのです。

空売りとは、証券会社から株式を借りて売却し、株価が下落したあとに買い戻して利益を得る「信用取引」です。

地合いも悪く、決算も悪いとなれば、株価の下落を恐れて、われ先にと悪決算が発表された翌日の「寄付」で、保有株を売ってしまう投資家が少なくありません。すると、寄付から大きく株価が下落する銘柄が出てきます。このタイミングを狙うのです。

通常の現物株の取引では、株価が上がったときに「値上がり益」が発生します。

たとえば、1株1000円のときに買って、1株1300円のときに売れば、差額の

300円が1株当たりの利益になります。

一方、空売りの利益は、株価が下がったときに発生します。

たとえば、1株1000円のときに空売りをして、1株700円に下がったとします。

このときに買い戻せば、差額の300円が1株当たりの利益になるわけです。

「まぁまぁ好決算」のほうがなぜ機能するのか？

「逆・決算モメンタム投資」は、株価が下がりそうな銘柄を狙った投資法ですが、「業績が悪い会社」の「悪決算」よりも「業績がいい会社」の「まぁまぁ好決算」のほうが機能しやすいのがポイントです。

こういうと、「『業績が悪い会社』の『悪決算』のほうが投げ売りされて株価が下がるんじゃないの？」と疑問に思うかもしれません。むしろ、そう思うほうが普通でしょう。

しかし、もともと「業績が悪い会社」というのは、悪決算を想定して株価がすでに下がっているのが一般的です。おそらく、決算発表前から「空売り」が入っているでしょう。そのうえで悪決算が発表されても、「まぁ、こんなもんだよね」と、すでに市場が〝織り込み済み〟のことが多く、新たな売り手が意外と現れにくいのです。

すでに「空売り」で入っている投資家のほうが多い（あとから買い戻さなければいけない人が多い状態）ということは、「そんなに売られない（株価が下がらない）」どころか、逆に「買われる（株価が上がる）」こともあるのです。

決算が悪くても寄付の時点で株が投げ売りされたあと、空売りの買い戻しをせざるを得ないため、株価が戻っていく（上昇していく）動きになりやすいです。

一方、「業績がいい会社」の「まぁまぁ好決算」の場合はどうでしょう。

もともと「業績がいい会社」は、次の決算でもよい業績が発表されるだろうと期待して、株を保有している投資家が多いです。

そんななかで「まぁまぁ好決算」が発表されると、どうなるでしょうか？

「予想通りだけどまぁまぁ好決算だし、とりあえず持ち続けようか」と考える投資家が多くなります。

ただし、地合いが悪くなっている状況では、ほかにも安くなっている銘柄がたくさんあります。予算も限られているので、別の有望銘柄を買うためにいったん利益確定したい投資家も多い状況です。

より具体的な投資家の心理としては、「まぁまぁ好決算で売られはしないだろうから、少し様子を見るけれど、株価が上がったところで利益確定したい」となりやすいわけです。

ただし、「まぁまぁ好決算」なので、新しい買い手はそれほど多く現れません。株価が上昇するほどの好材料ではないわけですから、そりゃそうですよね。

また、もともと「業績のいい会社」なので、株価下落を見込んだ事前の「空売り」もそんなに入っていないでしょうから、買い戻しによる株価上昇の材料も期待できません。

結果的に決算発表翌日の「寄付」から買い手不在となり、徐々に株価が下がり、次第に大きく売られていくケースが少なくないのです。

利益確定したい多くの投資家は、「まぁまぁ好決算」が発表された翌朝、株が上がったら売ろうとします。その一方、買おうとする投資家は少ない。

そういう状況が生じるため、「寄付」から株価が下がっていく……そうなると「えっ？

まぁまぁ好決算なのに売られるの？　これはヤバい、自分も早く売らなくては！」と〝売りが売り〟を呼び、株価が急落することがあるのです。

この投資家心理を先読みして、株価下落を見込んで、決算発表翌日に「空売り」して儲けを得るのが「逆・決算モメンタム投資」ということです。

好決算・悪決算の簡単シンプルな見極め方

「そもそも『まぁまぁ好決算』って、どんな決算なの？」

みなさんの頭には、こんな疑問が浮かんでいるかもしれません。

1つは、各社が発表している四半期決算時点での「進捗率」で判断する方法です。

この進捗率は、四半期決算の業績が、通期決算の予想の何％を達成しているかを示す数値です。四半期ごとに業績の進捗状況を把握することで、業績が順調に進んでいるのか、それとも遅れているのかを知ることができます。

1年を4分割している四半期決算ごとに25％ずつ達成すれば、通期で100％達成となりますね。これを前提にすると、「まぁまぁ好決算」というのは、**「1年間の業績の進捗率が第1四半期時点でごく平均的な25％、第2四半期時点で平均をちょっとだけ下回る49％」**みたいな感じです。

第2四半期時点で49％ですから、予想をわずかに下回って推移しています。まぁいい感じといえばいい感じなのですが、「絶好調だ！ すぐに買おう！」という判断にはなかなかならない〝中途半端なよさ〟ですよね。

ベテランの個人投資家やプロのファンドマネージャーは、会社側の発表とは別に、自ら業績予想をしているので、進捗率をより高めに設定している可能性もあります。

たとえば第2四半期時点で53％と予想していたとすれば、「想定より4ポイント低い」と否定的な決算内容になるわけです。そこに加えて、ほかに買いたい会社が出てくると、売りの対象になり得るわけです。

このようなケースにおいては、売上高や営業利益より「進捗率」で見たほうがわかりやすいです。

というのも、期初の段階で「わが社の今年の売上高はこれくらいになる予定です」と表明しているわけで、その予想に対する期待は、すでに株価に織り込まれてしまっています。

だからこそ、その会社が広げた風呂敷に対して「実際にどうだったか」という進捗率というモノサシが役立つのです。

ただし、不動産株など四半期ごとの業種のバラツキが大きい会社では、一概に進捗率が悪いから売るのも間違った投資判断につながります。ＩＲ動画なども見て総合的に判断することが大事です。

ちなみに「逆・決算モメンタム投資」は短期決戦。決算発表後１～２日が勝負です。あくまで地合いが悪いときの一時的なリスクヘッジとしての投資法なので、参考程度にとどめておいてください。

COLUMN 5

年100回以上主催する「IR説明会」

私は現在、専業投資家として株式投資をするとともに、企業と個人投資家を集めて、IR説明会を主催することが増えています。

私は、2018年に「湘南投資勉強会」という勉強会を立ち上げました。その当時は個人投資家向けのIRに力を入れている企業は少なく、機関投資家と比べて圧倒的に得られる情報が不足していました。

とくに中小型株はせっかく興味を持ったのに、決算発表資料以外で詳しい情報をあまり得られず、社長の顔すらわからない会社も多かったのです。

そこで、勉強会のなかでIR説明会を主催すれば、私を含む個人投資家のみなさんに企業を知る場を提供できるし、企業にとっても投資家の間での認知度を高められる場になります。これはWin-Winの関係になると考えたのです。

最初のIR説明会に登壇してくれたのは、神奈川県で学習塾を運営するステップ（9795）でした。勉強会の会場から徒歩1分圏内に本社があり、こころよく引き受けてくれました。

次に登壇してくれたのは、クラウドソーシング大手のうるる（3979）でした。ほかの勉強会に登壇していた同社のCFO（最高財務責任者）に、その場で「うちでも登壇してください」と頼んだことがきっかけとなりました。

　さらに、105ページで紹介したシステム情報（現・SI&C：MBO［経営陣が参加する買収］により上場廃止）には、株主総会で、「御社は個人投資家に対してIRをしないから、社長の顔もわからない。私は数千万円単位の大きな額を入れているのに、それでは困る。今後投資してくれる人を増やすためにも、ぜひIR説明会をやってください」と直訴しました。

　私は当時、大株主の上位30位までには入っていたので、「そう主張する権利はあるだろう」との思いもあって訴えたわけですが、案の定、承諾を得ることができました。

　そのうちにコロナ禍となり、IR説明会の運営に厳しさを感じたこともありましたが、回数を重ねるうちに上場企業のIR担当者の間で、「IR説明会を開いて投資家を集めてくれる人がいる」という評判が少しずつ広まり、企業側から依頼を受けることも増えました。

　そうして2020年は2社だけでしたが、2023年は70社超、2024年は100社超の企業のIR説明会を開催することになりました。

　IR説明会と聞くと、初心者にとってみれば、なんとなくハードルが高いと感じるかもしれません。しかし、最初のうちは、ほかの個人投資家の質問と企業側の回答を聞くだけでも勉強になります。それらのニュアンスも含めてメモすることによって、確実に投資知識が蓄積されていきます。

　機会があればぜひ一度参加してみてください。けっこう面白いですよ！

PART 6

中小型株への「中長期投資」

「中長期投資」の銘柄選び5つの方法

株式投資のいいところは、企業が頑張って業績を上げることによって、キャピタルゲイン（差益）やインカムゲイン（配当金）といった形で、株主が働かずとも「不労所得」をもたらしてくれる点です。

この恩恵をできれば中長期的に継続して得たいもの。そのためには、**「継続的に業績を高められる会社を見定めて中長期的に投資する」**ことが肝心です。

私自身、資産５０００万円を超えたころから、そんな思いが強まったため、「若干リスクを落とした投資法を選択したほうがいい」という考えにシフトしていったのです。

そして資産2億円超となっていた２０２３年からは「中小型株への中長期投資」に軸足を移しています。

リスクを抑えつつも、しっかりとリターンを得る中長期投資のほうが、資産のバランスからしても適していると判断したのです。この手法は最もポピュラーな〝投資の王道〟といえるかもしれません。

中長期投資でも、「2〜3年で2倍になる株」を発掘することは珍しくありません。

そこで、銘柄選びで活用している5つの方法を紹介しましょう。

❶『会社四季報』
❷IR説明会
❸勉強会
❹展示会
❺実店舗（実体験）

❶『会社四季報』

個人投資家のバイブルともいえる『会社四季報』（以下・四季報）は、国内上場企業の業績や財務情報、株価の動きなどを掲載しています。

私は投資を始めて1年後くらいに、初めて四季報を買いました。Xには多くの個人投資家が投稿していますが、「今日は四季報の発売日！　早速、通読しよう」といった〝億り人〟の投資家も何人かいました。

「億を稼いだ個人投資家が通読しているのなら」ということで、腰を据えて目を通してみることにしたのです。

そこで、四季報で私なりに重点的にチェックする銘柄の「4つの条件」を設けました。

条件①　時価総額50億円～数百億円台の中小型株の銘柄

成長余地が十分に残されている中小型株であることを具体的な目安にします

条件②　上場から5年以内で株価チャートに過熱感がない銘柄

上場から5年以内の銘柄でも、しばらく株価が横ばいだったり低迷していたりする銘柄に着目します

条件③　大株主である創業者が現在も社長を続けている銘柄

創業経営者が大株主だということは、サラリーマン社長とは桁違いに株価の動向に敏感。私たち個人投資家と同じ目線を持ち合わせている一蓮托生《いちれんたくしょう》の存在だと思うからです

条件❹ 見えない強みがある銘柄

社長の人間力や独自の組織風土、意外な参入障壁、地味だけどすごい特許技術など、一見するとわかりづらく、数字に表れない強みがある企業が望ましいです

上場後しばらくは「売上高」の伸びに着目する

私が一番好きな銘柄の条件をコンパクトにまとめると**「上場して2～3年は、ずっと株価が横ばいで、そこから急上昇していく」**というような銘柄です。

たとえば、105ページで説明した私が1銘柄で2000万円以上の利益を得たシステム情報（現・SI&C：MBO［経営陣が参加する買収］により上場廃止）は、2013年10月に東証ジャスダック（当時）に上場しましたが、2014年は株価が横ばいで、2015年に入ってから「新高値」をつけた銘柄です。

以前、四季報で**「上場から5年以内で、社長が大株主のオーナー経営者であり、新高値のフェーズに入っていきそうだ」**ということをチェックしていました。

そして「新高値を超えてきたら、すかさず買いだ」と準備していたので、かなりいいタイミングで買えたというわけです。

こうした条件が当てはまる会社に関してはじっくりと眺め、深掘りしていきます。深掘りするポイントは、おもに2点。順番に説明しましょう。

POINT 1 売上高の伸び

四半期決算ごとに前年同期比「売上高10%増」が目安です。

「売上高が安定して伸びている」ということは、会社として大きな強みがあることを示していますから、中長期的にフォローしていきます。

売上高に関しては特殊要因を除いて、「右肩上がり」が絶対に欠かせません。

事業規模がまだまだ小さな状況で、売上高が伸びていないということは、そもそもその企業の商品やサービスに将来性がない可能性があります。このフェーズにおいては〝連続増収が絶対に欠かせない〟のです。

一方で、「利益」については、伸びていても落ち込んでいても、どちらでもＯＫです。

「売上高が伸びているのに利益は落ちている」という〝増収減益〟では危ないのではないかと思う人も多いかと思います。しかし、ここにはむしろチャンスが眠っている可能性があるのです。

「減益」の理由は、いくつか考えられます。もちろん、事業がうまくいっておらず広告宣伝費がかさんでいる、値下げ販売をせざるを得なくなって利益が大きく減った、などといった〝ダメなケース〟もあります。

一方で、将来に向けて新たな収益源を確保しようと、商品・サービスの開発や人材・設備などに先行投資しているから「減益」というケースもあります。

後者のような将来の業績アップに向けたポジティブな先行投資による減益であれば、有望な投資対象となる可能性があります。

なかでも私が有望視するのは、「人材採用」に先行投資するケースです。採用した人材が数年後に戦力になって、より大きな利益を生み出し、株価向上に寄与することが多いからです。

POINT❷ 利益率の悪化は一時的か

「減益」でも、もう1つ買いを検討するパターンとしては、〝一時的な不採算案件〟で業績が下がったときです。

たとえば、人材を一気に採用したばかりに、社内のマネジメントが機能不全に陥ったというケースがあります。もともと社内にいた人材をベースとしたプロジェクトが予定通りに進まず、納期が遅れてしまい、売上高が「期遅れ」するケースです。

もっとも、これは人材が成長して戦力になり、プロジェクトが予定通りに進むようになれば、〝業績の成長要因〟に転換します。

こうした四季報の活用で買った銘柄としては、ソフトウェアの検査テストを受託するバルテス・ホールディングス（4442）があります。2019年5月に東証マザーズ（現・東証グロース）に上場し、2020年10月に「新高値」をつけたものの、翌2021年に利益低迷により株価が下がりました。

約定日 受渡日	銘柄	口座	信用区分	取引	売却決済単価(円)	売却／決済額(円)	平均取得価額(円)	実現損益(円)
2022/11/28 2022/11/30	バルテス・ホールディングス 4442	特定	ー	売付	300株 3,105.0	931,257	1,656.00	434,457
2022/11/28 2022/11/30	バルテス・ホールディングス 4442	特定	ー	売付	100株 3,105.0	310,419	1,656.00	144,819
2022/11/28 2022/11/30	バルテス・ホールディングス 4442	特定	ー	売付	100株 3,105.0	310,420	1,656.00	144,820
2022/11/28 2022/11/30	バルテス・ホールディングス 4442	特定	ー	売付	100株 3,110.0	310,920	1,656.00	145,320
2022/11/28 2022/11/30	バルテス・ホールディングス 4442	特定	ー	売付	100株 3,110.0	310,920	1,656.00	145,320
2022/11/28 2022/11/30	バルテス・ホールディングス 4442	特定	ー	売付	100株 3,115.0	311,419	1,656.00	145,819
2022/11/28 2022/11/30	バルテス・ホールディングス 4442	特定	ー	売付	200株 3,115.0	622,839	1,656.00	291,639
2022/11/28 2022/11/30	バルテス・ホールディングス 4442	特定	ー	売付	100株 3,115.0	311,420	1,656.00	145,820
2023/03/01 2023/03/03	バルテス・ホールディングス 4442	特定	ー	売付	200株 3,515.0	702,904	1,656.00	371,704
2023/03/01 2023/03/03	バルテス・ホールディングス 4442	特定	ー	売付	200株 3,520.0	703,912	1,656.00	372,712
2023/03/01 2023/03/03	バルテス・ホールディングス 4442	特定	ー	売付	100株 3,520.0	351,957	1,656.00	186,357
2023/03/01 2023/03/03	バルテス・ホールディングス 4442	特定	ー	売付	300株 3,525.0	1,057,369	1,656.00	560,569
2023/03/01 2023/03/03	バルテス・ホールディングス 4442	特定	ー	売付	100株 3,530.0	352,956	1,656.00	187,356
2023/03/01 2023/03/03	バルテス・ホールディングス 4442	特定	ー	売付	100株 3,530.0	352,956	1,656.00	187,356
2023/03/01 2023/03/03	バルテス・ホールディングス 4442	特定	ー	売付	100株 3,530.5	353,006	1,656.00	187,406
2023/03/01 2023/03/03	バルテス・ホールディングス 4442	特定	ー	売付	100株 3,531.0	353,056	1,656.00	187,456
2023/03/01 2023/03/03	バルテス・ホールディングス 4442	特定	ー	売付	100株 3,531.5	353,106	1,656.00	187,506
2023/03/01 2023/03/03	バルテス・ホールディングス 4442	特定	ー	売付	100株 3,531.5	353,106	1,656.00	187,506
2023/03/01 2023/03/03	バルテス・ホールディングス 4442	特定	ー	売付	100株 3,532.0	353,156	1,656.00	187,556
2023/03/01 2023/03/03	バルテス・ホールディングス 4442	特定	ー	売付	100株 3,532.0	353,156	1,656.00	187,556
2023/03/01 2023/03/03	バルテス・ホールディングス 4442	特定	ー	売付	100株 3,532.5	353,206	1,656.00	187,606
2023/03/01 2023/03/03	バルテス・ホールディングス 4442	特定	ー	売付	100株 3,533.0	353,256	1,656.00	187,656
2023/03/01 2023/03/03	バルテス・ホールディングス 4442	特定	ー	売付	100株 3,533.5	353,306	1,656.00	187,706
2023/03/01 2023/03/03	バルテス・ホールディングス 4442	特定	ー	売付	100株 3,534.0	353,356	1,656.00	187,756
2023/04/11 2023/04/13	バルテス・ホールディングス 4442	特定	制度	売埋	100株 3,077.0	307,700	3,090.00	-1,323
2023/04/11 2023/04/13	バルテス・ホールディングス 4442	特定	制度	売埋	100株 3,078.0	307,800	3,090.00	-1,223
2023/04/11 2023/04/13	バルテス・ホールディングス 4442	特定	制度	売埋	100株 3,073.0	307,300	3,090.00	-1,723
2023/04/11 2023/04/13	バルテス・ホールディングス 4442	特定	制度	売埋	100株 3,076.0	307,600	3,090.00	-1,423
2023/04/11 2023/04/13	バルテス・ホールディングス 4442	特定	制度	売埋	100株 3,077.5	307,750	3,090.00	-1,273
2023/04/26 2023/04/28	バルテス・ホールディングス 4442	特定	ー	売付	100株 2,866.0	286,555	1,656.00	120,955
2023/04/26 2023/04/28	バルテス・ホールディングス 4442	特定	ー	売付	100株 2,866.0	286,555	1,656.00	120,955
2023/04/26 2023/04/28	バルテス・ホールディングス 4442	特定	ー	売付	700株 2,866.0	2,005,886	1,656.00	846,686
2023/04/26 2023/04/28	バルテス・ホールディングス 4442	特定	ー	売付	100株 2,870.0	286,957	1,656.00	121,357
2023/04/26 2023/04/28	バルテス・ホールディングス 4442	特定	ー	売付	100株 2,871.0	287,057	1,656.00	121,457
2023/04/26 2023/04/28	バルテス・ホールディングス 4442	特定	ー	売付	100株 2,874.0	287,356	1,656.00	121,756
2023/04/26 2023/04/28	バルテス・ホールディングス 4442	特定	ー	売付	100株 2,874.1	287,366	1,656.00	121,766
2023/04/26 2023/04/28	バルテス・ホールディングス 4442	特定	ー	売付	100株 2,874.2	287,376	1,656.00	121,776
2023/04/26 2023/04/28	バルテス・ホールディングス 4442	特定	ー	売付	100株 2,874.6	287,416	1,656.00	121,816
2023/04/26 2023/04/28	バルテス・ホールディングス 4442	特定	ー	売付	100株 2,875.4	287,496	1,656.00	121,896
2023/04/26 2023/04/28	バルテス・ホールディングス 4442	特定	ー	売付	100株 2,880.9	288,046	1,656.00	122,446
2023/04/26 2023/04/28	バルテス・ホールディングス 4442	特定	ー	売付	100株 2,881.0	288,056	1,656.00	122,456
2023/04/26 2023/04/28	バルテス・ホールディングス 4442	特定	ー	売付	100株 2,881.1	288,066	1,656.00	122,466
2023/04/26 2023/04/28	バルテス・ホールディングス 4442	特定	ー	売付	100株 2,881.2	288,076	1,656.00	122,476

850万円の利益をゲットしたバルテス・ホールディングス（4442）の売買履歴

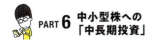

バルテス・ホールディングスはこのあとにも出てきますが、一時期、展示会で大きな人だかりができていたのを覚えていました。そうしたポジティブな記憶と四季報での銘柄チェックをきっかけに、**「採用強化」「不採算案件」が利益低迷の大きな要因であるとみて、「これであれば買いだ」と判断しました。**

利益低迷により株価が下がった2021年末ごろに1株1300円台になったくらいから買い始めたところ株価が持ち直し、その後1年間でおよそ3倍の1株4000円台まで上昇しました。私はそれより少し早いタイミングで売却しましたが、それでも利益850万円ほどをゲットしたのです。

❷IR説明会

「IR説明会」とは、ひと言でいうと「投資家向け広報」のこと。投資家や株主に対して、企業側が業績や事業動向、経営理念、基本方針などを説明するイベントともいえます。

株主や個人投資家を対象に、投資の検討を促す効果的な機会として開催されるものですが、私はIR説明会を情報収集の手段として、とても重視しています。

私が株を始めたころは、個人投資家向けのIR説明会はほとんど開催されていませんでした。大手証券会社が主催するIR説明会はありましたが、参加企業はほとんどが大手で、私が投資対象とするような中小型株の企業が登壇することはほとんどありませんでした。

それが、ここ10年ほどの間に大きく様変わりしたのです。

ZoomやYouTubeの普及によって、個人投資家向けのIR説明会をオンラインによって低コストで実施できるようになったからです。コロナ禍が明けてからは、オンラインだけでなくリアルでも参加できる〝ハイブリッド開催〟も増えてきました。

この貴重な情報収集のチャンスを生かさないのは、非常にもったいないと思います。

IR説明会は、企業側が一方的に説明するだけのタイプと、質疑応答の時間が設けられているタイプがあります。圧倒的にオススメなのは、質疑応答のあるほうです。

大事なのは「参加したら1つでもいいから質問する」こと。この能動的なアクションを起こすだけで、その企業への理解がグンと深まります。

質問するには、事前に予習をしたり、説明をしっかり聞いておいたりする必要がありますから、それだけ真剣度が増します。

それなりに勉強したうえで質問すると、仮にすぐに株を買わないにしても、その後、何か好材料が出たときには、ほかの投資家より対応が速まり、その株を買うか買わないか、すぐに判断することができるはずです。

まったく知らない会社のＩＲ説明会に、わざわざ参加することはないかもしれませんが、実は知らない会社のほうがむしろオススメ。投資チャンスが眠っている可能性が高いです。

ＩＲ説明会で質問するための〝基本ワザ〟

質問するにしても、その会社が公開しているＩＲ情報の繰り返しになってしまっては、単なる二度手間……。出席しているほかの個人投資家の貴重な時間を奪うことにもなりかねません。

質問するときのポイントは、その会社のＩＲ情報をベースに「自分なりに仮説を立てること」にあります。

たとえば、直近の決算で増益した理由が「広告宣伝費が減ったから」だということが、決算説明資料からわかったとします。ところが「なぜそもそも広告宣伝費を減らしたのか」「今後どうするのか」については、決算説明資料で説明されていないことが少なくありません。

今後の大規模な広告宣伝費の予算投下に備えて一時的に抑制しているのか、経営戦略上の理由で減らしたものなのか、それとも今期の利益達成が危うそうだから広告宣伝費を減らしたのか――その理由によって投資判断がまったく違ってくるわけです。

決算説明資料を見て、「こんな理由で広告宣伝費が減ったんじゃないだろうか」という仮説までは立てられるかもしれません。いや、立てられるはずなのです。

その仮説が正しいかどうかを検証するために質問をするのが、ＩＲ説明会に参加する１つの目的です。

自分の仮説はあくまで〝議論のたたき台〟なのですから、見当違いでも構いませんし、恥ずかしくもありません。

一般的に漠然とした質問には、漠然とした回答が返ってきます。一方で「決算短信を読むと、上期の決算で増益したのは、広告宣伝費を昨年よりも減らしたことが大きな要因のようですが、これはなぜでしょうか？　また、下期以降、何か大規模な広告宣伝を打つ計画があるのでしょうか？」と、この程度までシンプルに具体化すれば、企業側も回答しやすくなるでしょう。

ＩＲ説明会での〝鉄板の質問〟とは？

もちろん、このような〝ピンポイントの質問〟をすることに高いハードルを感じる人も多いでしょう。そのためのとっておきの秘策があります。

「どんな会社にも通用する定番の質問」を用意しておくのです。

私の場合、「人材採用」「人材育成」「組織のカルチャー」について尋ねることが多いです。

こうした人材や組織については、なかなか決算資料から読みとれないので、汎用的でありながら、そもそも〝けっこういいところを突く質問〟なのです。

人材関連の質問を考えるには、就職・転職者向けの口コミサイト「オープンワーク」

(https://www.openwork.jp/) が役立ちます。企業の体質や退職に至った理由など、社員の本音や内情がわりと赤裸々に書いてあるので、シンプルに興味深いです。

私はこの口コミサイトで、どういう企業風土なのかを探ってからＩＲ説明会に臨むことが多いです。

なんとなく「いい会社だな」と思っていたのに、社員はあまり評価していなかったり、トップのワンマン体質が吐露《とろ》されていたりと、現場目線の情報が得られるのです。それが投資先の選定にも一役買います。

ほかにもこんな鉄板の質問があります。

「新規顧客はどういったルートで開拓しているのでしょうか？」
「仕入れコストが上がっていますが足元の状況は？」
「為替の影響はどのくらいあるのでしょうか？」
「中期経営計画を立てる予定はありますか？」

また、〝最強の鉄板質問〟は次の2つです。

「競合他社はどこですか？」「競合との差別化要因は？」

質問が思い浮かばなかったら、ぜひ使ってみてください。

「これについては答えてくれなそうだな」と思ったら、登壇した企業が「なるほど！」と思ってくれるような「株主目線の具体的な要望」をすることもあります。

「株価がずっと下がっている、何とかならないのか。株価対策をしろ！」といったストレートな要望を突きつけても、企業側は答えに窮してしまいます。

同じ株価対策についての意見を述べるにしても、たとえば「御社はBtoB事業がメインですが、一部の事業でBtoCのサービスを提供している。そのサービスのクーポンを株主優待で出してみてはどうでしょうか？　株主としてはうれしいし、自社サービスなので優待コストもそこまでかからないので、費用対効果は大きいはずです」と株主目線の具体的で合理的な対策・要望に落とし込むことによって、企業側が検討しやすくなります。

実際、オンラインで仕事を受発注するクラウドソーシング大手「うるる」（３９７９）

のＩＲ説明会で、自社サービスの株主優待を提案してみたところ、実施されたケースがあります。それは、写真を撮りたい人と撮ってほしい人を結びつける出張撮影サービス「OurPhoto（アワーフォト）」の優待利用割引クーポン（３０００円相当）です。

基本的にはオススメだけれど……ＩＲ説明会の落とし穴に要注意

私は２０２３年に資産2億円を大きく超えたところで会社を退職し、専業投資家に転身。個人投資家同士の勉強会「湘南投資勉強会」を主宰しながら、企業のＩＲ説明会を請け負って開催したりもしています。

のちほど詳述しますが、建設エンジニア専門の人材派遣会社であるコプロ・ホールディングス（７０５９）や企業などの教育研修支援を手がけるＦＣＥ（９５６４）、企業向けに従業員の安否確認サービスを提供するトヨクモ（４０５８）など、ＩＲ説明会をきっかけにビジネスの内容を知り、投資するに至った会社はたくさんあります。

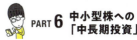

参加することにはメリットの多いＩＲ説明会ですが、情報の受けとり方には注意が必要なこともあります。

ＩＲ説明会には社長が登壇するケースが多いのですが、社長の話をじかに聞くと、その熱量に感動して、その会社の株を買いたくなってしまうことが本当に多いのです（苦笑）。

社長は5年10年先のビジョンを、それはそれは熱く語るケースが多いです。そのため、「こんなに将来性を感じる銘柄なのに、株価はずっと下がっている。これはいまのうちに株を買って全力で応援するしかない！」と、ついつい社長の口車にのせられてタイミングを考えずに株を買いたくなることがあるのです。

株を購入するときは、本書で解説したような株価チャートやファンダメンタルズ（基礎的条件）も見て冷静に判断すべきです。社長の強気のメッセージは、〝半値八掛け〟くらいで聞いておいたほうがいいでしょう。

「ＩＲ説明会に参加すると、その会社がよく見えてしまう」というのは、〝ＩＲ説明会あるある〟ともいえます。

とても有意義な情報を得られる一方、深掘りすればするほど愛着が湧いてきてしまう面もあります。情に流されることなく、業績と今後の可能性をしっかりチェックして買うことを徹底しなくてはいけません。

❸勉強会

「Kabu Berry」「神戸投資勉強会」「KabuLink」「東京勉強会」「湘南投資勉強会」——これらは全国各地で開催されている個人投資家の勉強会の名称です。近年は、こうした勉強会がたくさん開催されています。

勉強会というと、「レベルが高そうで怖い」「投資詐欺に遭うんじゃないか」との先入観から敬遠する人もいますが、少なくとも右に名前を挙げた私が知る勉強会では、詐欺などの被害はまったく耳にしたことがありません。初心者でも「勇気を出して参加してよかった」という人が多いです。

私は勉強会を主宰しつつ、ほかの勉強会にも参加していますが、そのときに念頭に置いていることが1つあります。

それは、自分の保有銘柄をベースに、自分なりの見通しをほかの参加者にぶつけてみることです。

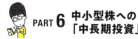

たとえば、「この株は昨年、減益決算を発表して株価が大きく下がってしまいました。でも減益だったのは先行投資で人材採用を強化したからで、今期から採用した人材が戦力化して業績が大きく伸びる見込みがあります。決算資料を見ると、実際に足元の商品の引き合いも増えているようで……」などと力説してみるのです。

そして、「そうはいっても、こんなリスクがあるんじゃない？」「○×社（企業名）か……面白そうだけど、昨年の業績はひどかったからな〜」「期待するほど業績伸びないんじゃない？」といった感じで食いつきが悪いと、私は逆に「よし！」と思うのです。

一生懸命力説したあと、ほかの個人投資家から「その銘柄、私もいいと思っていました」「実は、ちょっと前に買ったんですよ」なんて共感を得られるほうがいいかというと、実はそうではないのです。

そういう自分の保有株に対するポジティブな共感は、むしろネガティブな要因としてとらえます。

なぜなら、ほかの投資家がポジティブな反応を示すということは、すでにその銘柄のよい面が株式市場で認識され、株価に織り込まれていることが多いと考えられるからです。

逆に、力説してもピンとこないということは、その株のよさがまだ市場で認識されていないということなので、むしろポジティブなのです。もっとも、自分のロジックに重大な見落としがある可能性もあるので、精査は必要です。

いずれにしても、勉強会に参加する一番のメリットは、自分とは考えの違うほかの個人投資家にリアルな意見を聞ける点にあると思います。

自分の意見をじかに否定されたりダメ出しされたりすると、心が凹むことがあるかもしれません。しかし、きちんと自分の意見を返してくれる人は、ありがたい存在です。心のなかで「なにくそ！」と思いつつも、感謝の気持ちを忘れないようにしましょう。

自分だけ情報を得ようとする人に情報は回ってこない

勉強会もＩＲ説明会も、その日のスケジュールをひと通り終えると、懇親会（飲み会）に移行するケースが多いです。私は、そうした懇親会にも参加することをオススメします。

お酒の席であなたの隣になにげなく座った人が、実は雑誌などで取り上げられることも多い著名な個人投資家だった、というのがざらにあるのも懇親会の面白いところです。

ただし、こうした場での大事なマナーが1つあります。

「情報の〝クレクレちゃん〟になることは絶対にやめましょう」ということです。

相手が貴重な情報をぶっちゃけてくれるのは、ギブ&テイクであなたが持っている貴重な情報を相手に伝えるからという〝暗黙の前提〟があると思ってください。

米ペンシルベニア大学ウォートン校のアダム・グラント教授は、人の思考と行動を「ギバー（与える人）」「テイカー（得る人）」「マッチャー（ギブ&テイクのバランスをとる人）」という3つのタイプに分類しました。

それぞれの割合は、ギバー（与える人）25%、テイカー（得る人）19%、マッチャー（バランスをとる人）56%なのですが、ここで着目したいのは、テイカー（得る人）です。

全体の2割くらいは、テイカーだということですが、世の中には他人には与えず、自分が一方的に与えられるのが当たり前と思う人が、けっこうな割合でいるということです。

他人から得ようとするばかりで、自分は提供しない人というのは、なんだか信頼を置けませんよね。自分のことは秘密主義で、情報を得るだけ得ようとする人には情報は回ってきません。

やはり、できるだけ自分から積極的に情報を提供しようとする姿勢を持つことが大事です。相手が著名な投資家だったとしても同じです。同じ相場で戦っている者同士なのですから、真剣に調べた内容や困りごとには、たいていは真剣に返してくれます。

安心して話しかけてみてください。

❹展示会

展示会とは、企業が商品・サービスを展示して、顧客獲得や商談につなげるためのイベントです。東京ビッグサイト（東京・江東区）や幕張メッセ（千葉市）、パシフィコ横浜（横浜市）などがメジャーな開催地となっています。

私が展示会に参加し始めたのは、会社員時代のことでした。研究職である私の業務に関連するＩＴ展示会が、パシフィコ横浜で開かれることを知り初めて参加してみたのですが、**「こんなにも企業のコアな情報が聞けるのか！」**と感動したことを覚えています。

日本経済新聞社が主催する「日経ＩＲ・個人投資家フェア」など、投資家向けのＩＲ展示会（フェア）もよいのですが、私自身は投資家向けではない業界別の展示会にも好んで参加しており、オススメです。

というのもＩＲ展示会に参加する企業は、もともとＩＲに力を入れていたり、多くの個人投資家が理解しやすいＢtoＣ（消費者向け）企業であったりすることが多いからです。

一方、まだ一般的には知られていない認知度の低い銘柄の情報を得るには、業界別の展示会のほうがオススメなのです。

そういう銘柄はＢtoＢ（企業間取引）企業に多く、ＩＲ展示会には参加しないケースが多いです。しかも、業界別の展示会は投資家向けに説明するわけではありませんから、商品・サービスそのものに関する理解が深まりやすいです。

ブースの集客力で業界内の評価をうかがい知る

初めて参加するなら自分の仕事にまつわる業界の展示会がオススメです。そのほうが参加するモチベーションが湧きやすいからです。そもそも展示会というのは商談の場なので、投資の情報収集のみを目的に参加するのは、本来の趣旨とは違ってきます。

あくまで仕事の一環で展示会に参加し、そのついでに情報収集をしていくのが第一歩です。会社によっては仕事として交通費を支給してくれることもあるでしょう。

慣れてきたら、まったく知らない業界の展示会にもチャレンジしてみましょう。新たな気づきを得られ、投資対象の幅も広がりやすくなります。

展示会はあくまで「商談の場」なので、邪魔するようなことはしてはいけません。もっとも、人が少ない時間帯だと担当者が暇を持て余しているケースがあります。

そこで試しに「まったく詳しくないんですけど……」なんて話しかけてみると、けっこう貴重な情報を得られます。

私のような門外漢にも丁寧に対応してくれる企業は好印象です。

逆にブースに覇気がなく、あまりにも担当者のやる気や誠意が感じられなくて、「この会社の株は絶対に買いたくないな」と思わされた銘柄もあります。

私のなかで〝ブラックリスト入り〟した企業が4社ほどあるのですが、実際に業績もあまりさえないようです……。

そもそも企業が展示会にブースを出展するのは、それなりの投資です。社員がやる気のない態度で臨んでいるとなれば、販売管理費（広告宣伝費）を棒に振っているようなもの。そう考えれば、販管費をしっかり利益につなげようとしている企業の株を買ったほうが、期待値は高いはずです。

152ページで触れたソフトウェアの検査テストを受託するバルテス・ホールディングス（4442）を最初に知ったのは、東京ビッグサイトで開催されたIT関連の展示会に参加したときのことでした。ブースに異様な人だかりができていて、「なんの会社だ？」と思ったら、それがバルテスだったのです。

ブース内で対応する社員の方々は猛烈に覇気があり、それだけでも業界内での注目度が高いことをうかがい知れたので、株の購入に一歩前進です。

実際のところ、それから2年間、ずっとPERの値が高くて買えなかったのですが、2021年に不採算案件によって業績が低迷して株価が落ちてきたときは、本当に天与の買い場となりました。

Japan IT Week（2019年10月開催）でのバルテス・ホールディングスのブース
会場入り口近くに構えたブースは人だかりがするくらいの盛況
※素人撮影で天井がメインになっていますがご勘弁ください……

社内で使うグループウェア（情報共有ソフト）を官公庁や企業向けに提供するネオジャパン（３９２１）も、ＩＴ関連の展示会に参加したことがきっかけで知りました。同社もバルテス同様、展示会でかなりの集客に成功していました。

❺実店舗（実体験）

これはとくにＢtoＣ企業でオススメの手段です。

私が最初に集中投資して元手３００万円を７６０万円と倍以上に増やした低価格帯の眼鏡チェーン店を展開する現・ジンズホールディングス（３０４６）への投資でも、業績をチェックしたうえで実際に店舗に足を運び、「これなら期待できそうだ」と実体験して、株を購入しました。

私はアニメオタクということもあって、ずっと注目していた東映アニメーション（4816）も、同人誌即売会「コミックマーケット（コミケ）」に足を運んだりするなかで、「日本のアニメが世界でブレイクすることは間違いない」と思って買いました。

とくに2018年は、東映アニメーションが上映権販売を手がける映画『ドラゴンボール超ブロリー』が世界中で大ブレイクすると感じ、株を買い増し。**すると2019年ごろは1株5000円くらいをうろうろしていた株価が、2021年には1株2万円を超す値をつけて、大きく儲けることができたのです。**

——中長期投資の対象となる銘柄を発掘するには、こうしたポイントがあるわけです。

これらを踏まえて発掘した銘柄については、さらに決算や株価チャートを見て、買うかどうかの最終的な判断をします。

COLUMN
6
会社を辞めるという決断

私は大学院を修了後、2008年に某メーカーに入社し、2023年に会社を辞めました。会社員生活自体は、少なからず嫌なこともありましたが、人間関係はよかったですし、決して苦ではありませんでした。

しかし、職場で評価されているのは、業務外でも勉強を怠らないだけでなく、それが楽しいと感じられるような〝意識高い系〟の社員ばかり。私には、そこまでの仕事に対する高いモチベーションはありませんでした。

その差は、年収や昇進のスピードにも如実に表れていました。エース級の同僚たちは先にどんどん昇進していきますが、その事実に不満を募らせるわけでもなく、「自分の仕事に対するモチベーションからして、そんなもんだよな……」と甘んじて受け入れていました。

しかし、入社15年目ともなると、いやおうなしに役職は上がっていきます。社内で新しいシステムを開発するためのプロジェクトが立ち上がることになったとき、私がそのマネジメントを任されることが既定路線になっていました。そのためには、また新しい知識を身につける必要がある……。ところがそのモチベーションが、どうしても湧いてこなかったのです。

プライベートでは、株式投資で資産2億円に到達していました。「会社を辞めてもなんとかなるだろう」とは思いつつ、安定した収入を失うこと、そして会社員の肩書を失うことに、とてつもない怖さがありました。

そんななか、私の背中を最後に押してくれたのは、長年の推しの声優・水樹奈々さんでした。2023年1月に水樹さんのライブに行ったとき、ちょうど私の目の前で、「無理かもしれない」「我慢しなきゃ」というつまらない言い訳にはサヨナラをしてという主旨の歌詞を歌っていたのです。無意識に会社を辞めない言い訳をしながら、心のなかに漠然としたモヤモヤを抱えている。それはまさに、そのときの自分の心境そのものでした。

推しに目の前でここまで言われて「そうだよな、ここで会社を辞める決断をしないのは違うよな」という思いが自然と湧き起こったのです。人生を変えるのは、こんなささいなきっかけなのかもしれませんね。そして、受験5年目にして合格した中小企業診断士の実務補習が終わったタイミングで、辞職することを上司に伝えたのです。

現在では、専業投資家としての株式投資とは別に、IR説明会の主催や講演活動などで、会社員時代の年収と同じくらいの収入は得ることができています。自分の裁量で仕事をコントロールできますし、いまのところ会社を辞めて後悔した瞬間は一度もありません。

人生、一歩踏み出してみると、思わぬ好循環が生まれるものだと実感しています。次はあなたの番かもしれません。

PART 7

中長期投資に欠かせない 7つの OKポイントと 3つの NGポイント

中長期投資に欠かせない7つのOKポイント

ここまで「新高値ブレイク投資」「株主優待需給投資」「決算モメンタム投資」「中長期投資」といった投資法を紹介してきました。

「新高値ブレイク投資」は「新高値」をつけた銘柄をスクリーニングする手法ですし、「決算モメンタム投資」は決算が起点となるため、なかなか事前に「この銘柄が狙い目だ！」とはオススメしにくいものです。

そこで、次のＰＡＲＴでは「中長期投資」の視点からオススメの銘柄を紹介します。

まずは、銘柄選定のための７つのＯＫポイントを踏まえておきましょう。このポイントは普遍的なものですから、ぜひ活用してみてください。

OKポイント❶ 上場から5年以内

「グロース（成長）株投資」のポイントかと思いきや「中小型株投資」でも、上場から5年以内というのがポイントです。なぜなら、大きな株価上昇が期待できるからです。

業績の成長余地（伸びしろ）がたくさん残されている銘柄を探すポイントともいえます。

トヨタ自動車（7203）は、75年以上前の1949（昭和24）年に東京証券取引所・名古屋証券取引所・大阪証券取引所市場第一部に上場して、2023年度の連結決算で売上高と営業利益で、日本企業の歴代最高を更新しました。

誰もが知る世界に冠たる有名メーカーですが、企業規模が大きい成熟産業だけあって、ここから数年かけて株価が急上昇するとは考えにくいです（2023年には大きく上昇しましたが、これは円安の影響が大きいです）。

日本国内で自動車保有構成の48％を占めるトップシェア企業であり、世界の市場占有率も約10・7％と自動車メーカーとして世界トップ企業。時価総額は日本企業ダントツトップの約44兆円（本書執筆時点）です。

これほどのシェアと時価総額を確保してしまっているので、中小株の成長企業ほど伸びしろが残されてはいません。

ところが上場5年以内の新興企業であれば、これから2倍、3倍と伸びていくことは決して珍しいことではありません。

また株価上昇の〝王道パターン〟として、「上場まで頑張ってきたものの、一時的に息切れして、短期的に業績の伸びが鈍化。ところが上場から2〜3年たつと、上場で得た資金を投資に回して再度、業績成長フェーズに入っていく」というケースがあります。

いわゆるグリッチ（一時的な失敗）と呼ばれるもので、上場して5年くらいのタイミングは、株価が大化けしやすいタイミングといえるのです。

ＯＫポイント❷　上場から10年以内

これは「❶上場から5年以内」から派生したポイントです。年にもよりますが、新規に上場する企業は年間１００社くらいなので、「❶上場から5年以内」となると、単純計算で投資対象となる銘柄の母数は５００社程度に限られます。

当然、さまざまな指標を加味して、投資対象となる銘柄を絞り込むので、「これ以上、有望視できる銘柄が見つからない」ということもあります。

そういう境地に達した場合、「❷上場から10年以内」と対象を広げてみるのです。時価総額が数百億円規模と、それほど大きくない企業も多いので、巨額の資金を扱う機関投資家が参入しづらく、個人投資家にうってつけの銘柄が多いです。

再三触れている通り、機関投資家は運用する金額が巨額なため、自分たちの投資で株価が大きく動いてしまうリスクを抱えています。時価総額が数百億円規模の中小型株には手が出しづらいのです。

そのため、機関投資家は、基本的に時価総額が数千億円とか数兆円規模の大型株を投資対象としています。

時価総額の規模が小さな中小型株のうちに買い進め、その後、機関投資家が入ってくるくらいの規模に育ったところで、さらに株価が上がっていくというシナリオも、上場10年以内であれば実現しやすいといえます。

ＯＫポイント❸ 社長（経営者）が大株主

ひと口に「社長」とか「経営者」といっても、自社株を大量保有している大株主なのか、単なる〝雇われ経営者〟なのかで、投資家にとっての位置づけは大きく異なります。

大株主の経営者であれば、自社の株価下落は自分自身の資産減少に直結しますから、株価向上に強いモチベーションが働きやすいのは当然です。

反対に、自社株を保有していない、もしくは多少保有している程度の〝雇われ経営者〟の場合、自社の株価下落がそれほど自分の資産に直結するわけではありません。

もちろん雇われ経営者であっても、経営に尽力するとは思いますが、自分の資産と経営が直接的に結びついている大株主の経営者とは、株価へのコミットメントの熱度がおのずと異なるでしょう。

やはり〝株価に対する当事者意識〟の度合いが高い大株主の経営者のほうが、投資家との利害関係が一致しやすいのです。

株式保有率があまりに多すぎるとガバナンス面で問題になることもありますが、最低でも大株主10位以内には入っていてほしいところです。

OKポイント❹ IRに積極的

東京証券取引所は2023年3月末、「資本コストや株価を意識した経営の実現に向けた対応等に関するお願いについて」を公表。解散したほうが価値がある状態のPBR（株価純資産倍率）が1倍を下回る企業への改善策の要請として報じられました。

この発表を機に株価上昇のきっかけになりやすい「自社株買い」を発表する上場企業が増えたとともに、個人投資家向けのIR活動を積極化する動きも増えました。

IRに積極的な企業は、シンプルに株主を重視する姿勢があるといえるでしょう。

実際、IRに積極的な企業と消極的な企業では、株価の形成に〝雲泥の差〟が生じています。とくに、要所要所で適切な水準まで株価を引き上げる（投げさせない）ための施策を打つ企業は、結果的にボラティリティ（株価変動率）が低くなり、中長期投資家のポジティブな注目を集めやすいです。

2023年、中古車販売で業界首位だったビッグモーター（現・ウィーカーズ）が故意に顧客の車両を傷つけ、修理代を水増しして保険金を請求する不正請求を繰り返していた

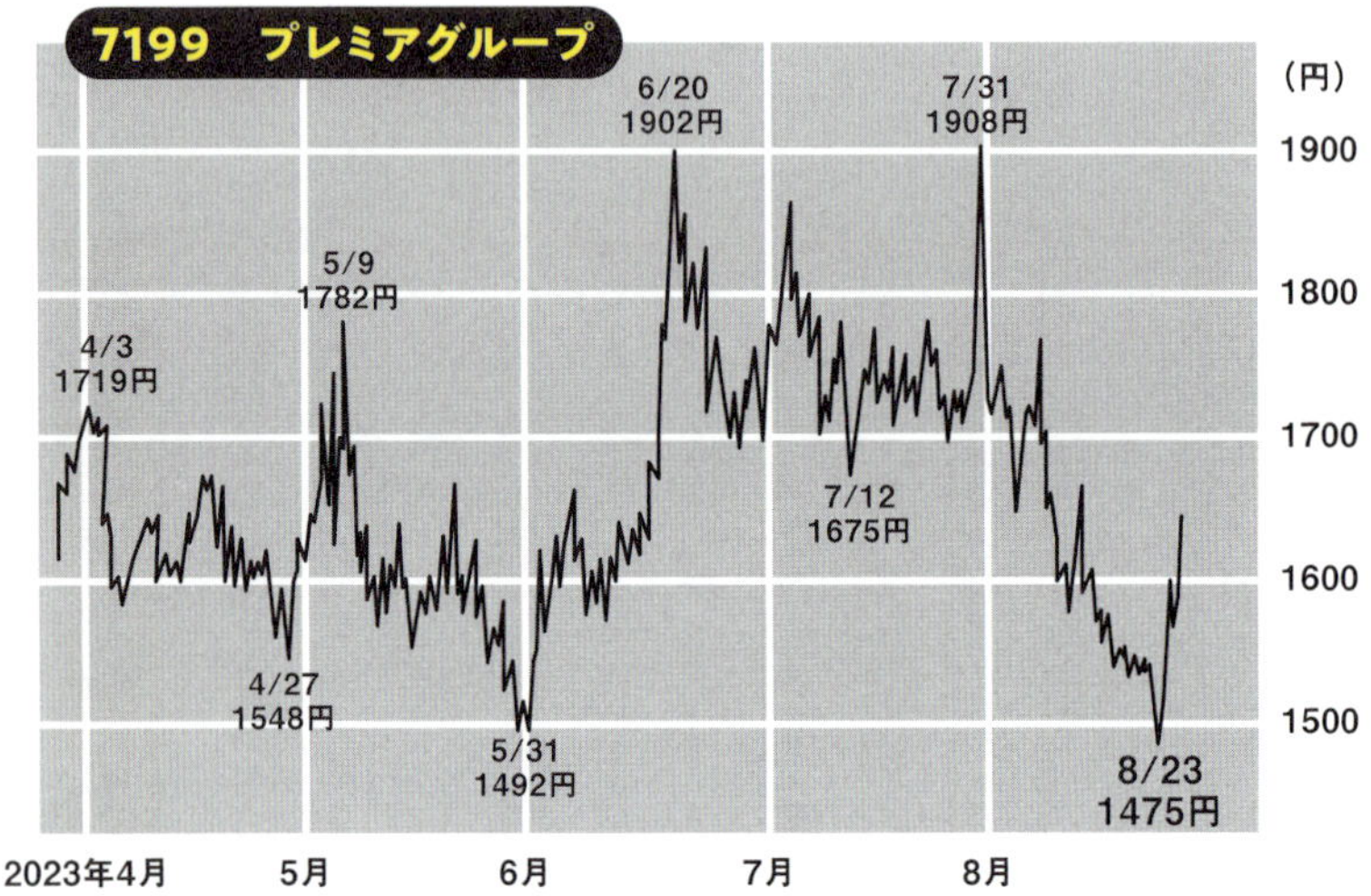

ビッグモーター事件のあおりを受け株価が下落後
IR説明会を実施したこともあり回復に転じた

ことが発覚。同年9月から金融庁が立ち入り検査を行い、11月には保険代理店登録を取り消される事態に発展しました。

これに端を発し、中古車関連の上場企業が一斉に株価を下げたのですが、そのなかで一番アクションが早かったのが、消費者向けに中古車ローンなどを手がけるプレミアグループ（7199）でした。

同年8月8日、同社のIR担当者から私のもとに「ビッグモーターの保険金不正請求問題が世間を騒がせており、個人投資家向けにしっかり説明をさせていただく場を設けさせてほしい」という連絡が入りました。

私は急いで日程を調整し、2週間後の8月23日にIR説明会を開催。同社取締役常務執行役員が登壇して、説明にあたりました。

同社には個人投資家から44問もの質問が寄せられ、私が手がけたIR説明会で過去最長となる2時間43分の長丁場となりました。

その後、同社の株価が反転。投資家の不安を払拭するのに、一定の効果があったのではないかと思います。

2024年8月5日、日経平均株価の終値が3万1458円と前週末比で4451円暴落し、過去最大の下げ幅を記録したときには、オフィスの設計・デザインを手がけるヴィス（5071）やイラスト制作アプリの開発・運営を担うアイビス（9343）など、普段から個人投資家向けのIR活動に積極的で〝株主フレンドリー〟な企業ほど、好決算を受けつつ、株価の回復が早い傾向がみられました。

相場全体が崩れて株価が急落し、慌てて保有している株を売却してしまう〝ろうばい売り〟に走る投資家も少なくない状況にいると、仮に同じような業績であったら、「日ごろからしっかりと自社について発信してくれる企業」と「普段からなんの説明もない企業」では、前者に安心感を覚えて、選びたくなるのは自然なことではないでしょうか。

ＯＫポイント❺　過去にたびたび下方修正していない

すでに公表している通期決算の見通しを「上方修正」することは、投資家にとって好材料となりますが、より重視したいのは**「下方修正をしない」**という点です。

堅実に通期決算を予想する企業もあれば、毎度のように楽観的な見通しを出して、結局は業績が追いつかず「下方修正」を繰り返す企業も少なくないです。

そもそも本来は期初に立てた予測通りに着地すべきなのです。もちろん、経営は生ものですから、その通りにいかないのはしかたがありませんが、下方修正を繰り返して株価下落の誘因になるのはいただけません。一方でたびたび上方修正を出すというのも、「予想が保守的すぎる（厳しすぎる）」わけですが、このほうが株価にはポジティブです。

ちなみに、上方修正も下方修正も「売上高10％、利益（営業利益・経常利益・当期純利益）30％以上の差異があったときに発表しなければならない」と証券取引所によって義務づけられています。

したがって、「売上高10％未満の差異、利益30％未満の増減」では発表する義務はありませんから、その場合は、許容範囲とします。

OKポイント❻ あまり話題になっていない

「あまり話題になっていない」というとネガティブな印象を持たれるかもしれませんが、(逆に) IR説明会で1～2名しか質問していなかったり、勉強会で誰も取り上げないような銘柄などにこそチャンスが潜んでいます。株価はいまの業績を正しく反映したものではなく、将来の「期待」や「落胆」も織り込んでいます。ですから、話題になっているということは、すでにその分の期待値が株価に反映してしまっているといえます。

そういう理屈から、現時点であまり話題になっていない銘柄であれば、将来の期待が織り込まれていないので、割安(お得)に買えるわけです。

OKポイント❼ 経営者が中長期的な視点も重視する

投資家は「今期の業績はどうか、なぜそうなったのか」「来期の業績はどうなりそうか」という比較的短期的な業績を気にします。

しかし、長期的な視点を持つ企業は、それよりずっと先を見据えています。

以前、英語教育を手がけるA社とB社が、それぞれ別の日にIR説明会を開催した際、参加した個人投資家から「テレビ広告は積極的に打つつもりですか？」という同じ内容の質問が寄せられました。

A社は「費用対効果を考えて、テレビ広告は実施しない」と述べ、それで終わりました。一方のB社は、「テレビ広告は、短期的には絶対にとってはいけない販促策です。採算が合いません。ですが、私たちはテレビ広告を打っていきます。それは、将来『英語教育だったらB社だ』と第一に想起してもらいたいからです。短期的にはマイナスですが、長期的な視点からするとプラスだと考えての先行投資です」と説明しました。

もちろん、どちらの戦略が正しい、間違っているということはありません。

しかし、**中長期投資家が腹落ちする度合いが高いのはB社の説明ですよね。5年先、10年先を見据えて経営判断ができる会社こそ、中長期投資に向くと考えます。**

比較的若い世代の経営者には、Xなどでも経営戦略に触れる内容を投稿しているケースが少なくありません。そこでつぶやかれる内容を読むだけでも、長期的な視点を持っているか、いないかはけっこう判断できると思います。

中長期投資に欠かせない3つのNGポイント

中長期投資に欠かせない7つのOKポイントを説明しましたが、次に3つのNGポイントを説明しましょう。基本的には、OKポイントを反転させたものといえます。

NGポイント❶ IRに消極的

IRに消極的な企業は、投資家への情報提供と双方向のやりとりを実質的に避けているともいえます。根本的に株価の安定・向上に対するコミットメント（関与）意識が低く、結果的に同業他社より安値で放置される傾向にあるのです。

また、そういうIRの意識が低い企業ほど、作為的に株価を誘導して短期間で大きな利益を狙う「仕手筋」に狙われやすい傾向にあります。

仕手筋に狙われると、ボラティリティ（株価変動率）が大きくなるため、中長期の安定的な資産形成には向かない銘柄とみなされてしまいます。

NGポイント❷ 上場直後に下方修正を連発

上場5年以内に下方修正を2回以上発表した銘柄は、基本的に投資対象から外します。

下方修正の理由は、円安やインフレ（物価高）など、自社ではコントロール不可能な「外的要因」と、自社でコントロール可能な「内的要因」がありますが、どちらであっても投資対象から外します。

外的要因が原因の場合、今後も外部環境の影響を強く受ける可能性が高く、業績のボラティリティに大きなリスクをはらむため、株価が割安に放置されるであろうと判断します。

一方、内的要因が原因である場合、業績予測をするためのKPI（キー・パフォーマンス・インディケーター＝重要業績評価指標）や社内連携がうまく機能しておらず、組織的に未熟である可能性が高いです。

NGポイント❸ 話題になりすぎている

業績も株価も好調なグロース（成長）企業は、多くの個人投資家が注目して、ときに毎日のようにXのタイムラインに流れて話題になることがあります。

そうした銘柄は、たしかに魅力的に見えますが、実績がともなっていない期待値が株価に織り込まれてしまっている可能性が多分にあります。

そういう銘柄は相場全体の暴落時など、圧倒的に売り込まれた水準まで下がったタイミングを見計らって拾うようにしないと、株高の時期に「高値づかみ」をしてしまったり、買った途端に大きく値を下げてしまったりする可能性が高いです。

〝非常識だけど正論〟なPER&PBRメソッド

多くの個人投資家が株価の割安度の目安としてチェックする〝王道の指標〟は、PER

（株価収益率）とＰＢＲ（株価純資産倍率）ですが、あくまで参考程度にとどめるほうがいいと私は思っています。というのも、上場後5年以内とか10年以内という新興企業では、将来の成長のために先行投資をするケースが多いこともあって利益水準が低く、何をもって割安か一概に言えないからです。

「ＰＥＲ15倍未満」「ＰＢＲ1倍未満」を〝割安株〟の大まかな目安にするケースが多いですが、私の場合は「ＰＥＲ40倍超」「ＰＢＲ10倍超」でも買うケースがザラにあります。

ＰＥＲに関しては投資対象や投資手法によって目安がまったく異なります。「新高値ブレイク投資」や「決算モメンタム投資」では、マイルールに反して「ＰＥＲ１００倍」でも買いにいくケースだってあります。

そもそもＰＥＲは将来的な業績拡大の期待値によって切り上げていくもの。たとえばＰＥＲ12倍だった会社がＰＥＲ15倍になったとき、「割高になってきた」と思うのではなく、「将来への期待が高まってきた」と判断するのです。

COLUMN 7

相場が悪いときの新高値ブレイク投資・決算モメンタム投資の考え方

相場が悪いときには「新高値ブレイク投資」や「決算モメンタム投資」が機能しづらいものです。コロナショックがいったん落ち着いた2020年5月や日経平均株価が上昇した2024年2月のような上がり相場では、好業績で「新高値」をつけた銘柄を買えば、たいていのケースで勝てました。しかし、少し相場が厳しくなってくると、それだけでは勝てなくなります。

そもそも地合いが悪いと、なかなか「新高値」の銘柄は出てきません。決算資料を見て費用構造をチェックしたうえで、従業員1人当たりの生産性や採用にどのくらい費用を使っているのかを分析し、今後の業績を見通し、「よしイケる！」と満を持して買った株が平気で下がり続けます。

上昇相場でのトレードだけで、「決算モメンタム投資は自分に合っている！」と妄信した人は、その3カ月後、半年後の相場で痛い目に遭いがち。ですから投資にあまり自信が持てない人は、上昇相場以外での「決算モメンタム投資」は控えておいたほうが無難です。

「逆・決算モメンタム投資」であれば、横ばいや下落相場でも活用できますが、信用取引の「空売り」による損害は大きくなりがちなので、これも基本的には中級者以上の投資法だと思います。

もっとも、これまでの長い歴史を振り返っても、ずっと下がり続ける相場はありません。下がっている最中は「いつまで下がるんだろう……」と気分が落ち込みがちですが、どんな下落相場もどこかで必ずリバウンドします。そのなかでいち早く業績が回復している銘柄、「新高値」をつけた銘柄こそが、次の相場の主役になる可能性が高いのです。

相場が悪いと、早めに損切りをして、いったん資産をキャッシュに移し替える投資家も少なくありません。そんな投資家は、「キャッシュに余裕があるから、いい銘柄があれば早く買いたい」という状態になるわけです。そこでリバウンドして「新高値」をつけた銘柄を買いにいくのは、かなり自然な流れなのです。「新高値」をつけるということは、相場が回復したのちにいち早く業績が伸びるだろうとみて買いを入れている投資家がいるわけです。

いつ局面が回復するかは、誰にもわかりません。「相場が悪いから決算モメンタム投資／新高値ブレイク投資をまったく手控える」というのももったいないと思います。

「株価が下落する」というのは一見するとマイナスのように感じられるものですが、人間が高くジャンプするときにいったん身をかがめて勢いをつけるように、株価もいったん下落してから上がっていくタイミングで勢いがつきやすい傾向があるのです。

だから私の場合、多少の株価下落は、むしろポジティブにとらえることが多いです。

PART 8

中長期投資で オススメの10銘柄

さて、PART7を踏まえて
早速オススメの10銘柄を
紹介していきましょう!

1

トヨクモ（4058）

グループウェアを手がけるサイボウズ（4776）と連携し、法人向けの業務アプリを展開

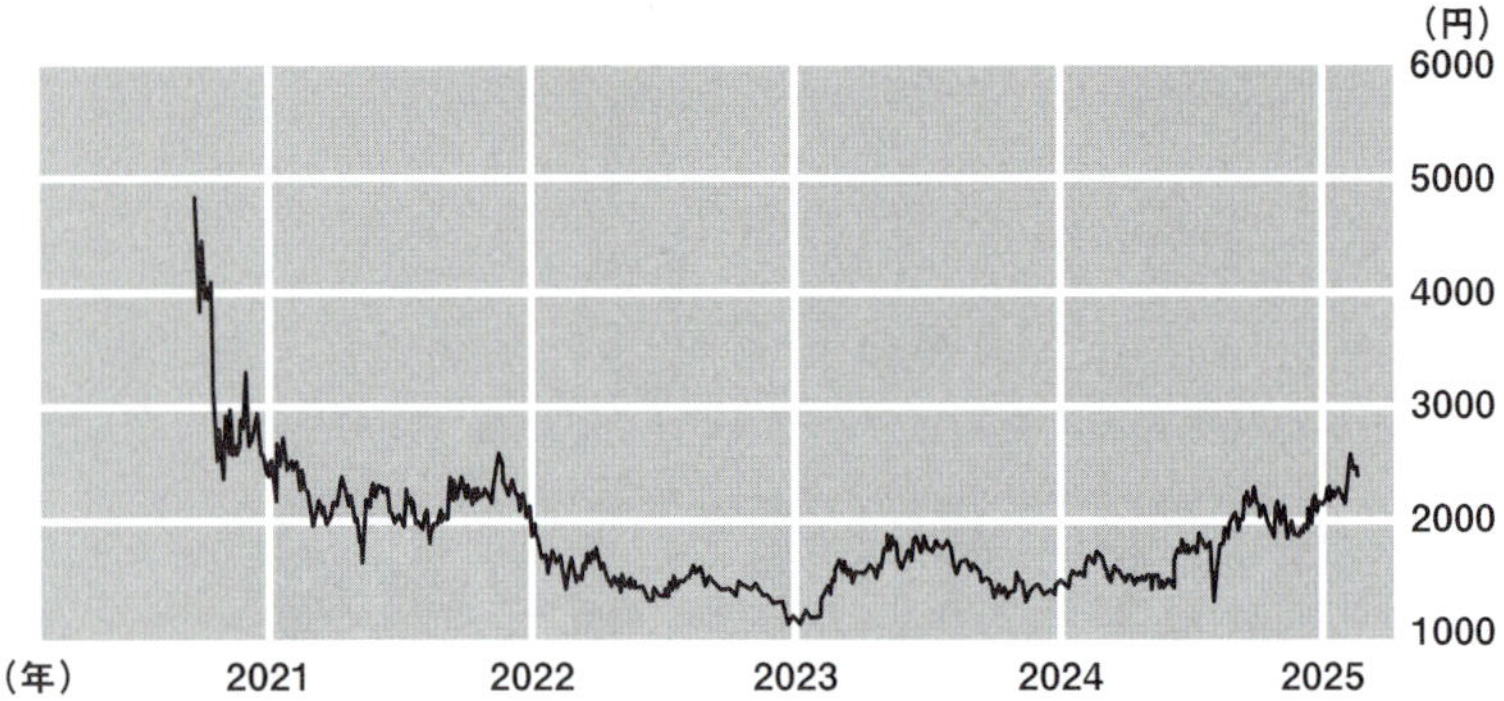

東証グロース

上場	2020年9月
PER	約24倍
PBR	約9倍
配当利回り	0.82%
時価総額	約269億円
ROE	32.6%

指標で見るトヨクモ

上場から5年以内	○
上場から10年以内	○
社長（経営者）が大株主	○
IRに積極的	○
過去にたびたび下方修正していない	○
あまり話題になっていない	○
ROE10%以上	○
経営者の長期的視点が伝わる	◎

会社情報

もともとサイボウズの社内ベンチャー（100%子会社）として、2010年に設立されました。スマホ向け合成写真サービスから始まり（サービス終了）、安否確認サービスやサイボウズのクラウドサービスと連携した複数のサービスを提供。2024年10月以降、サイボウズとの連携サービス料金を値上げしたことから利益率を改善、業績の堅調な伸びを期待できます。

2

FCE（9564）

教育研修支援事業の強みをDX（デジタルトランスフォーメーション）推進事業にも展開

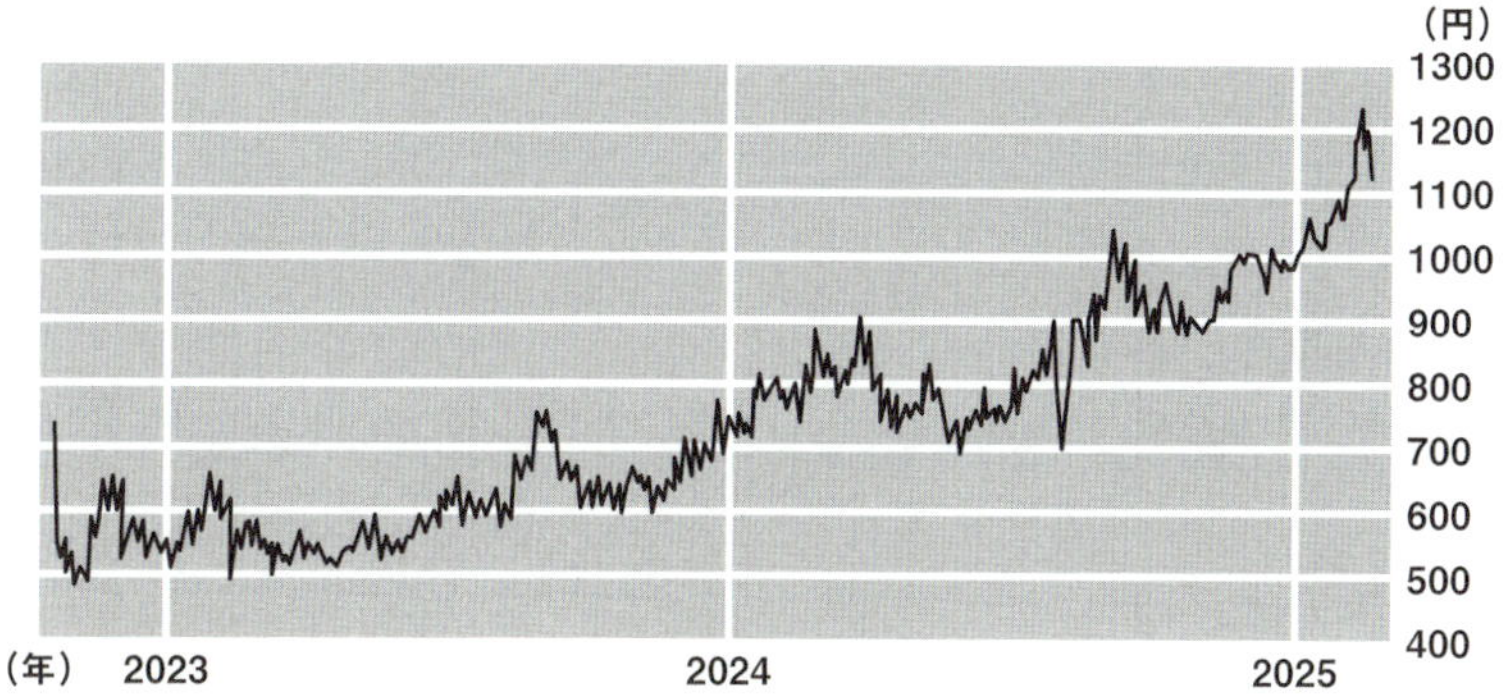

東証スタンダード

上場	2022年10月
PER	約20倍
PBR	約4倍
配当	1.17%
時価総額	約131億円
ROE	19.8%

指標で見るFCE

上場から5年以内	○
上場から10年以内	○
社長（経営者）が大株主	○
IRに積極的	○
過去にたびたび下方修正していない	○
あまり話題になっていない	○
ROE10%以上	○
経営者の長期的視点が伝わる	◎

会社情報

2017年設立、2022年上場と、勢いのある会社です。「教育研修事業」「DX推進事業」「出版事業」を展開しており、パソコンによる定型業務を自動化する「ロボパットDX」や人財育成プラットフォーム「スマートボーディング」の伸びが顕著です。サブスクリプション（定額課金）型のビジネスモデルで解約率が低く、安定的に業績が伸びており、今後も期待できます。

3

オープンワーク(5139)

社員が自社の労働環境を評価する就職・転職者向け口コミサイト「OpenWork」を運営する。人材コンサルティング「リンクアンドモチベーション」(2170)の子会社

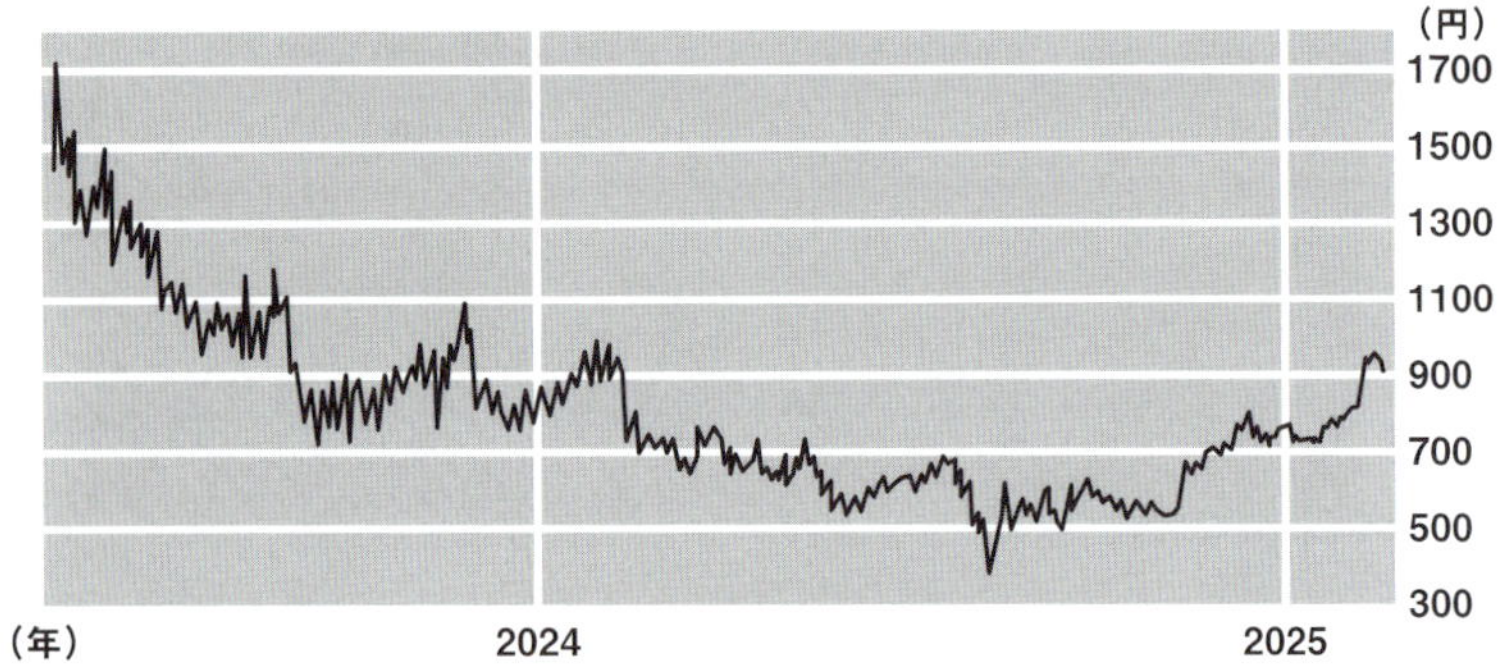

東証グロース

上場	2022年12月
PER	約25倍
PBR	約3倍
配当利回り	ゼロ
時価総額	約202億円
ROE	11.8%

指標で見るオープンワーク

上場から5年以内	○
上場から10年以内	○
社長(経営者)が大株主	×
IRに積極的	○
過去にたびたび下方修正していない	○
あまり話題になっていない	○
ROE10%以上	○
経営者の長期的視点が伝わる	○

会社情報

社員の口コミデータを基盤とした転職・就職のための会社情報サイト「OpenWork」と、企業向け採用支援サービスが中核事業。有料会員登録と提携するサービス運営企業からの紹介料が収益源。社員のリアルな口コミを見られ、私も投資判断に活用しています。今後、いろんなデータ活用方法がありそうで、なくてはならないプラットフォームになる可能性を秘めています。

4

アップガレージグループ（7134）

中古カー&バイク用品の買い取り・販売を手がける専門店「アップガレージ」を展開

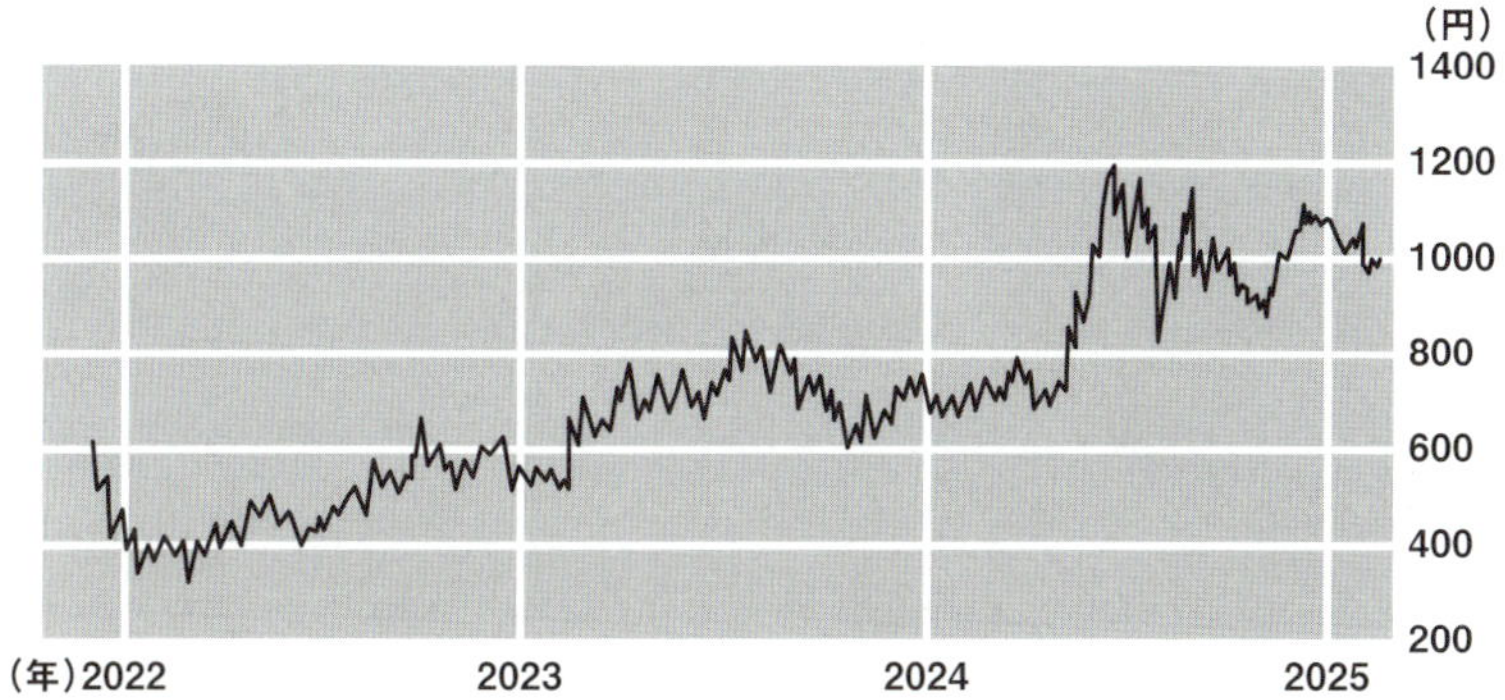

東証スタンダード

上場	2021年12月
PER	約11倍
PBR	約2倍
配当利回り	2.99%
時価総額	約78億円
ROE	16.9%

指標で見るアップガレージグループ

上場から5年以内	○
上場から10年以内	○
社長（経営者）が大株主	△
IRに積極的	○
過去にたびたび下方修正していない	○
あまり話題になっていない	○
ROE10%以上	○
経営者の長期的視点が伝わる	○

会社情報

中古カー&バイク用品の買い取り・販売専門店「アップガレージ」の運営と中古車販売店向けの卸売りが事業の2本柱。新規事業として人材紹介サービスも開始しました。2024年4月にはアップガレージUSA1号店をオープン。中古車のパーツを買って自分で組み立てることが盛んな米国市場での伸びに期待できます。

5

プレミアグループ(7199)

中古車向けのオートクレジットやワランティ(故障保証)事業などを展開

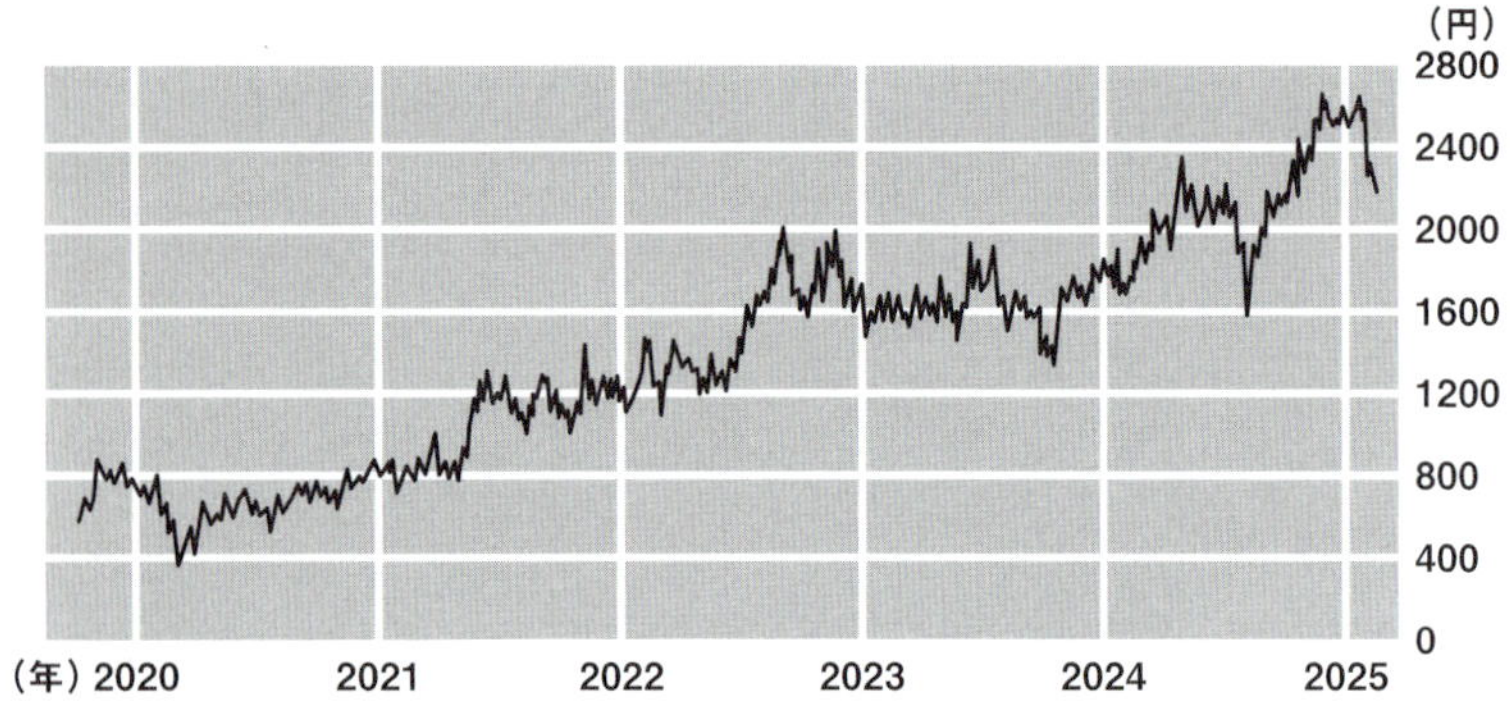

東証プライム市場

上場	2017年12月
PER	約16倍
PBR	約5倍
配当利回り	1.79%
時価総額	約903億円
ROE	32.2%

指標で見るプレミアグループ

上場から5年以内	×
上場から10年以内	○
社長(経営者)が大株主	△
IRに積極的	○
過去にたびたび下方修正していない	○
あまり話題になっていない	○
ROE10%以上	○
経営者の長期的視点が伝わる	○

会社情報

「ファイナンス事業」「ワランティ(故障保証)事業」「オートモビリティサービス事業」と3つの事業を展開。ファイナンス部門によるローン手数料で儲けられるビジネスモデルとなっています。景気に左右されない安定的なストックビジネスが特徴で、上場以来、7期連続で増収増益を継続しています。一貫して個人投資家向けのIR活動を行ってくれている点も高評価です。

6

プログリット（9560）

おもに社会人を対象にした英語学習コーチングサービスを展開し、人工知能（AI）を活用した英会話サービスも展開

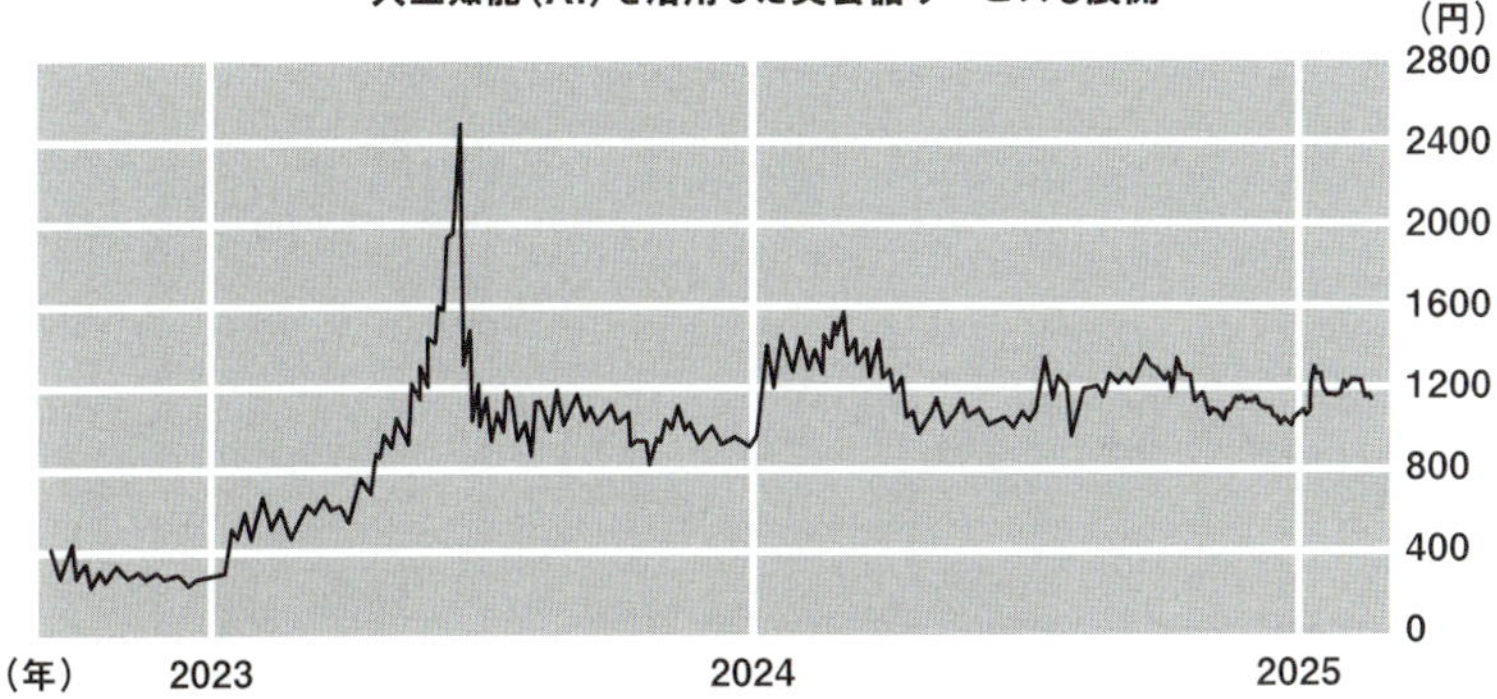

東証グロース

上場	2022年9月
PER	約19倍
PBR	約7倍
配当利回り	1.55%
時価総額	約146億円
ROE	42.4%

指標で見るプログリット

上場から5年以内	○
上場から10年以内	○
社長（経営者）が大株主	○
IRに積極的	○
過去にたびたび下方修正していない	○
あまり話題になっていない	△
ROE10%以上	○
経営者の長期的視点が伝わる	◎

会社情報

英語学習にコーチングを組み合わせたサービスを展開。サービスはかなり高単価ですが、マーケティングが非常に優秀で、2023年の大化け株になりました。Xなどでも社長が積極的に発信しており、「今後、英会話学習領域における顧客の第一想起をとっていく」との同社の戦略がハマれば、まだまだ伸びていくはずです。

7

コプロ・ホールディングス（7059）

建設業界専門の人材派遣会社

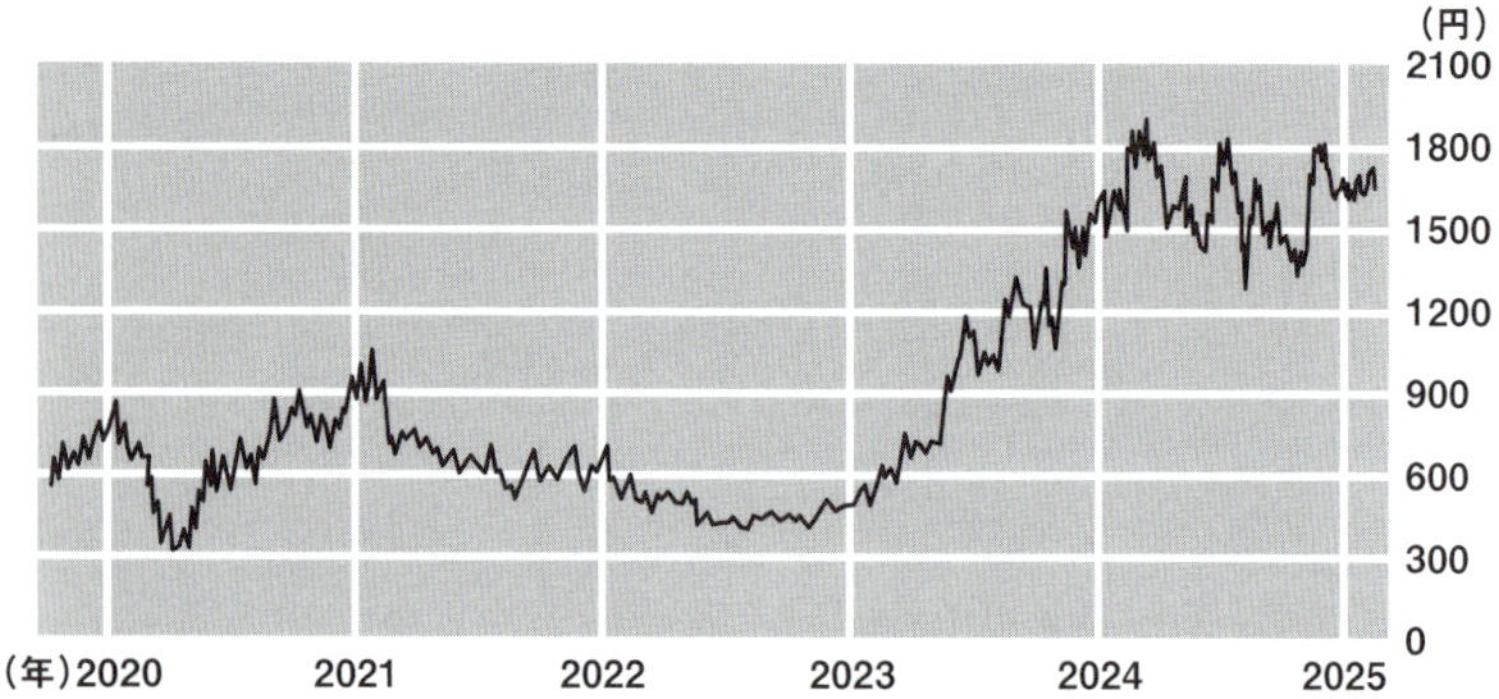

東証プライム・名証プレミア

上場	2019年3月
PER	約18倍
PBR	約4倍
配当利回り	3.58%
時価総額	約335億円
ROE	19.4%

指標で見るコプロ・ホールディングス

上場から5年以内	×
上場から10年以内	○
社長（経営者）が大株主	○
IRに積極的	○
過去にたびたび下方修正していない	△
あまり話題になっていない	○
ROE10%以上	○
経営者の長期的視点が伝わる	○

会社情報

時間外労働規制なども相まって、建設業界の人手不足が深刻化しているなか、需要は旺盛です。人材採用・育成のうまさが強みで、応募から内定までのスピードを上げることで採用率を向上し、OJT（職場内訓練）を活用しつつじっくりと育成して、どの現場でも即戦力となる人材を輩出しています。株価に対するコミットも非常に高いと感じます。

8

yutori（5892）

複数の若者向けアパレルブランドを展開

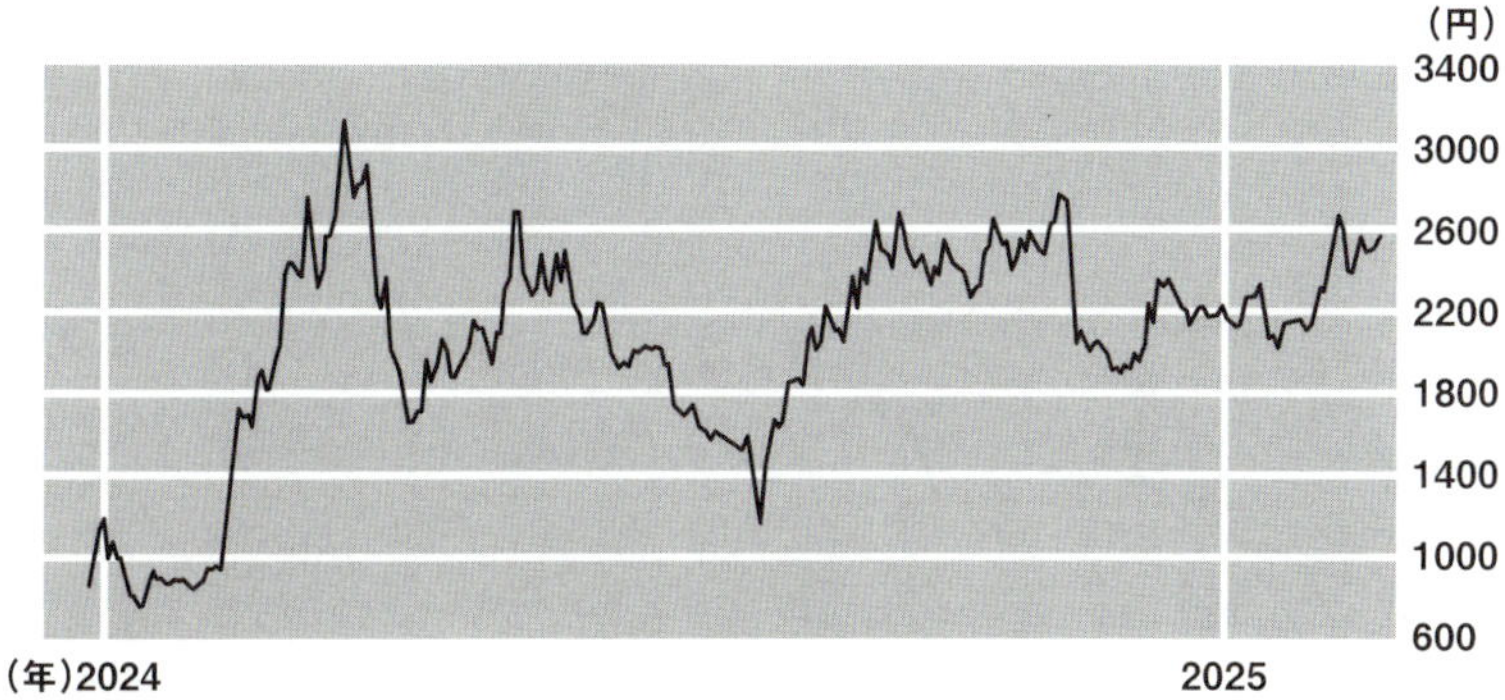

東証グロース

上場	2023年12月
PER	約39倍
PBR	約14倍
配当	ゼロ
時価総額	約117億円
ROE	34.5%

指標で見るyutori

上場から5年以内	○
上場から10年以内	○
社長（経営者）が大株主	○
IRに積極的	○
過去にたびたび下方修正していない	○
あまり話題になっていない	○
ROE10%以上	○
経営者の長期的視点が伝わる	◎

会社情報

アパレル業界はレッドオーシャン（過当競争市場）ですが、yutoriはなんといってもインスタグラムをはじめとするZ世代向けのSNSマーケティングが強いです。アパレル業界の淘汰《とうた》が進むとしても、生き残って成長していくのはこのような会社だと思います。社長のカリスマ性もあり、M&A（合併・買収）を駆使して「何かやってくれるのではないか」と思わせるワクワク感があります。

9

ロードスターキャピタル(3482)

自己資本で都内のオフィスやホテル、物流施設などの不動産を購入して運営・管理

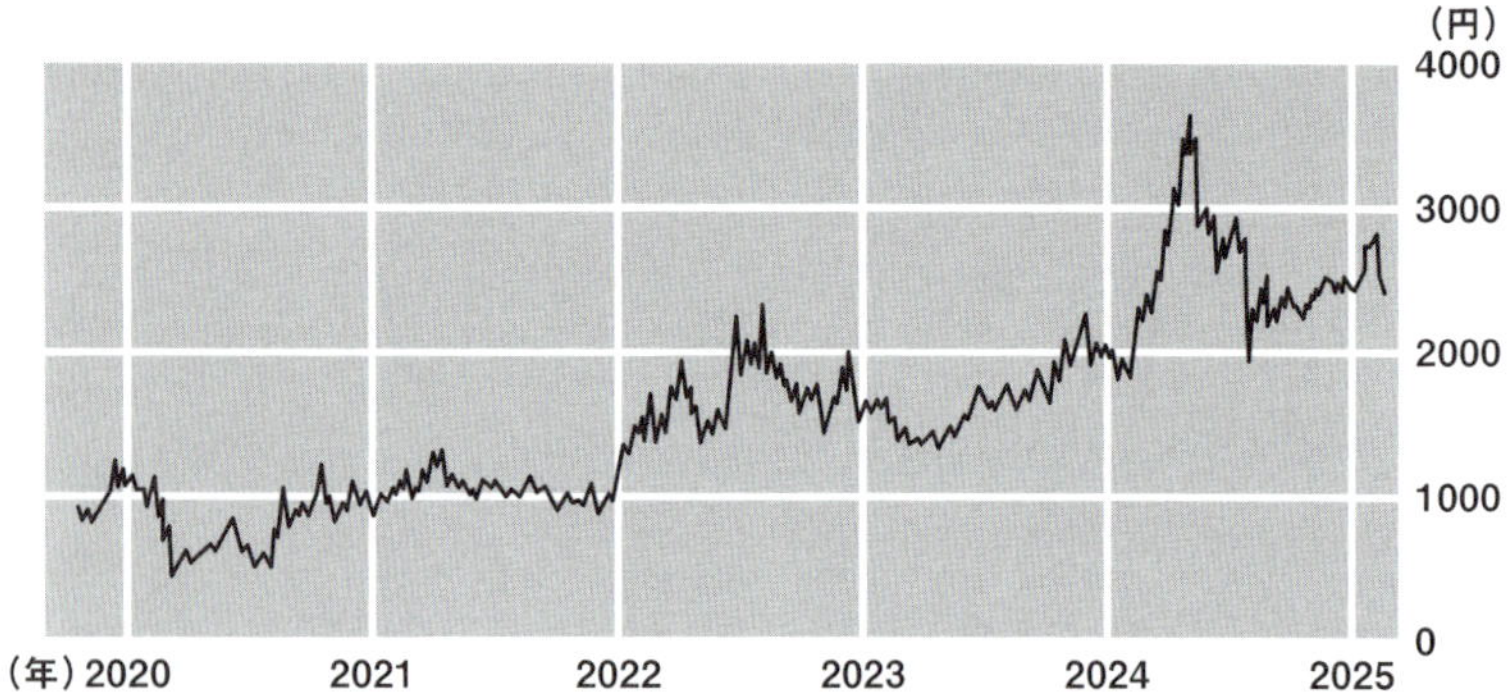

東証プライム

上場	2017年9月
PER	約5倍
PBR	約2倍
配当利回り	3.35%
時価総額	約532億円
ROE	29.1%

指標で見るロードスターキャピタル

上場から5年以内	×
上場から10年以内	○
社長(経営者)が大株主	○
IRに積極的	○
過去にたびたび下方修正していない	○
あまり話題になっていない	○
ROE10%以上	○
経営者の長期的視点が伝わる	○

会社情報

東京23区内のオフィスへの投資やマネジメントに強みを持つ企業です。不動産投資に特化したクラウドファンディングサービスも展開しており、投資家への意識は非常に高いといえます。不動産業界は現時点ではそれほど評価されているとはいえませんが、毎期しっかりと業績を伸ばしています。

10

リアルゲイト（5532）

都内の築古ビルの再生・転貸借事業を展開

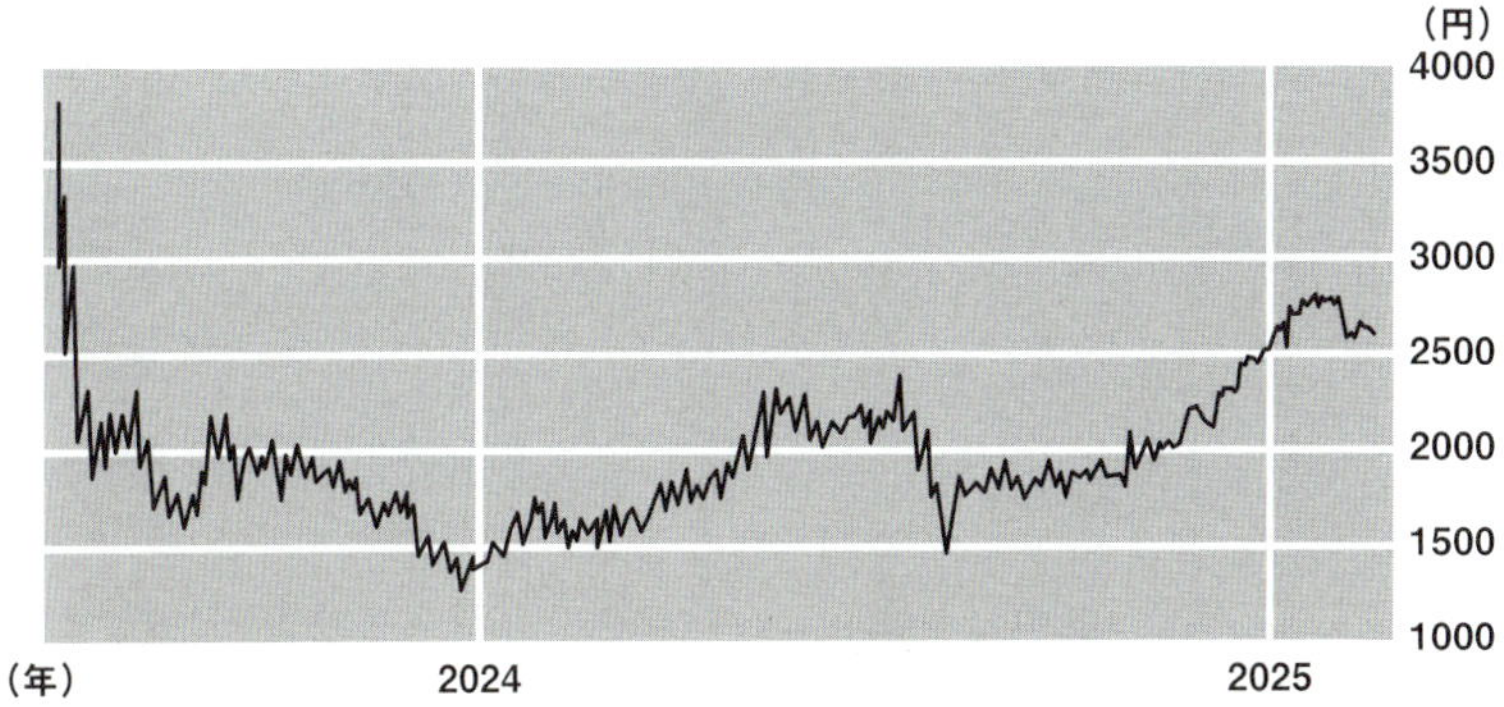

東証グロース

上場	2023年6月
PER	約13倍
PBR	約3倍
配当利回り	ゼロ
時価総額	約74億円
ROE	15.3%

指標で見るリアルゲイト

上場から5年以内	○
上場から10年以内	○
社長（経営者）が大株主	△
IRに積極的	○
過去にたびたび下方修正していない	○
あまり話題になっていない	○
ROE10%以上	○
経営者の長期的視点が伝わる	○

会社情報

2021年にサイバーエージェント（4751）の子会社となった不動産会社。築年数の古い物件を再生し、シェアオフィスや小規模オフィスとして貸し出す事業を手がけています。渋谷駅前の再開発などでスタートアップのオフィス移転が活発な渋谷区を中心に100棟以上の物件が稼働済み。物件の企画から設計・施工・運営管理と、自社で一気通貫している点が強み。

COLUMN 8

自分の弱点を認めて克服する

残念ながら「投資に向いていない人」はいます。具体的には、「数字や文章を的確に読めない人」「お人好しで詐欺に遭いやすい人」「感情のままに売買してしまう人」「売買の時間軸が短すぎる人」「リスク管理が激甘な人」などです。

数字や文章を的確に読めない人には、書物を読む習慣がないタイプが多い傾向にあります。お人好しで詐欺に遭いやすい人は、うまい話にだまされてお金を失うケースが往々にしてあります。感情のままに売買したり、売買の時間軸が短すぎたりする人は、要はデイトレード（デイトレ）をやってしまう人ですね。

デイトレでもコツコツと1万、2万円を手に入れることは、そう難しいことではありません。けれど、「コツコツドカン」といって、小さな利益をコツコツと積み上げておきながら、1度のミスでドカンと吹き飛ばされてしまうことがあります。

そして、リスク管理が激甘な人。これもたとえ最初はうまくいっていたとしても、あとでしっぺ返しがきます。グロース（成長）株に信用取引で無謀なレバレッジをかけたり、よく知りもしないで投機的なＦＸ（外国為替証拠金取引）に手を出したり……。私が知っているケースでは、30年近くかけて資産1億円を築いたのに、それを信用取引で全部飛ばしてしまい、借金生活を送っている人もいます。これぞ、まさに「コツコツドカン」の実例ですね。

しかし、人は変わることができます。私の投資人生は、〝自分の弱点の克服〟の繰り返しでした。私には弱点がたくさんありました。資金も少ない、株を保有し続ける〝握力〟も弱い、四季報も決算書も読めない。情報をどうやって得たらいいかわからないくせに、すぐにサボってしまう。そして、時間が足りない……。ですが、これらの弱点を少しずつ少しずつ、克服してきたのです。

「お金のなさ」は、優待株や高配当株への投資を捨て、成長株1本に集中することでカバーしました。「握力の弱さ」は、逆にそれを強みに変える戦略をとりました。四季報については自分なりの〝四季報通読法〟を確立し、決算書については中小企業診断士の資格をとることで克服。「情報をどうやって得たらいいかわからない」は、自ら勉強会やIR説明会を主催（主宰）することで、自分のもとへ情報が入ってくるようにしました。

「すぐにサボってしまう」は、法人化して退路を断ち、YouTubeで決算配信をするなど、サボれない仕組みを整えました。「時間が足りない」は、会社員時代は時間のかかるやり方は捨て、決算期など「この時期だけ」と集中しました。そして思い切って会社員を辞め、時間を確保しました。

どんな人も最初は、できないことだらけだと思います。ですが、みなさんの代わりに私がたくさん失敗しておきましたから、ぜひ本書を参考にしてほしいと思います。

PART 9

利益を最大化する投資法の実践術

投資法をどう使い分ければいいのか？

ここまで、さまざまな投資法を紹介してきましたが、「結局、それらをどう使い分ければいいの？」と多少混乱しているかもしれません。

その点をクリアにするため、まずは27ページで紹介した一覧表を再掲載します。

次ページの一覧表をベースに、説明していきましょう。

5年でまとまった資産を築くことを目標に、まず実践すべきオススメの投資法は、「新高値ブレイク投資」です。「いま株価が上昇している最中の銘柄にのっかって儲ける」というのは、資産を増やすスピードの速さにおいて優れています。

これまで私は、株式投資で億単位の資産を築いた〝億り人〟の話を数多く聞きましたが、結局は何か特定の銘柄で大きく資産を増やしたというケースがとても多いです。

いまは高配当株や割安株への投資を推している投資家であっても、何か特定銘柄で大きく利益を上げ、それ以後はリスクを抑えるために高配当株や割安株への投資に転換したと

投資法	地合い※の影響	時間軸	メリット	必要なスキル
新高値ブレイク投資	非常に受けやすい	半年～2年程度	・短期間で大きな利益を確保することができる ・関連書籍が多数出版されている	・日々の情報収集と適切なリスク管理 ・適切なタイミングで十分なロットを入れられる力
株主優待需給投資	比較的受けにくい	3～6カ月程度	地合いが悪くても比較的安定して利益を上げられる	長期で株式投資を楽しむ心構え
決算モメンタム投資	受けやすい	・基本は決算発表から20営業日 ・そのまま中長期投資に発展するケースもあり	決算時期だけ集中すればいいので効率的	決算書を読み解く力とほかの市場参加者の心理を推測する力
中長期投資	・短期的には受ける ・長期的には企業業績に連動する	数年程度	長期的な企業成長に投資するので、頻繁な売買が不要	中長期で株式投資を楽しむ心構え

※地合い＝ある銘柄や株式市場全体の相場の状態（値動き）のこと

いうケースもあります。

『日経マネー』（2022年4月号）に、「実は日本株の25％が10倍高」という旨の記事がありました。「10倍高」というのは、「テンバガー」と呼ばれる10倍株のこと。10倍株を発掘することは、個人投資家の夢ともいえますが、実は4つに1つの銘柄がテンバガーを達成しているというのです。

そう考えると、最初の段階である程度のリスクを背負ってでも大きく稼ぐというのは、決して無謀なギャンブルではないと思います。

私自身は利益確定が早い傾向なので、テンバガーを達成するまで保有した株はありませんが、それでも資産総額が10倍どころか100倍になっています。

これは投資を始めてから2年で元手300万円から3000万円と、「新高値ブレイク投資」で資産を10倍に引き上げたことが大きな原動力になっています。

最初こそ思い切ってリスクを負い、その後、資産が増えていくにつれて、徐々に安全性の高い手法をとり入れていくといいと思います。

地合いが悪くても〝儲かる株〟はある

資産が少ないうちは、なるべく地合いがいいときだけ相場に参加することをオススメします。

地合いが悪かったとしても、「新高値ブレイク投資」「決算モメンタム投資」「中長期投資」のいずれの投資法でも上昇する銘柄はありますから、やりようによっては儲かります。たとえば2022年2月は、コロナバブルによって上がりすぎた銘柄が反動として大きく売られ、地合いとしては「めちゃくちゃ悪い」といえる状況でした。そんななかにあっても、株価を上げていく銘柄はあったのです。

そのとき私が「決算モメンタム投資」で大きな利益を得たのが、ステンレス原料のフェロニッケル製錬で世界上位級の大平洋金属（5541）。同年1月末に発表した業績予想の上方修正が市場から好評価を得たうえに、翌2月に好決算を発表したのです。

この機に「決算モメンタム投資」を発動。好決算を受けて株価は急上昇し、2022年2月の株価上昇率トップの銘柄となりました。株価上昇率は実に49・1％。どれだけ地合

いが悪くても、目立って好決算を出した企業は、株価が上昇するのです。

「新高値ブレイク投資」「決算モメンタム投資」は、地合いがよければ単に上方修正に飛びのるだけでも勝ててしまう可能性が高い一方、地合いが悪いときにはしっかり決算を読み込みつつ、ほかの市場参加者の動向やセンチメント（心理）に一段と気を配る必要があります。相場環境が悪いときには、中級者以上向けの投資手法になることは認識しておいたほうがいいでしょう。

そして209ページの表にある通り、地合いが悪いときは「株主優待需給投資」もオススメです。

相場全体がやや軟調でも、株主優待を目的としている投資家は、「権利付最終日」まではそうそう株を売らないからです。とはいえ、コロナショックのような大暴落が起きた場合は別。一刻も早く逃げないといけません。「中長期投資」であれば株価が戻ってくるまで待つという選択もアリですが、「株主優待需給投資」は権利付最終日前に売るのが原則。暴落に巻き込まれると、売りどきを失ってしまいます。

また上昇相場、とくにいったん相場が下落してから勢いよく上昇していくような局面

（2020年3月のコロナショック時や2024年8月の植田ショック時）では、「新高値ブレイク投資」や「決算モメンタム投資」のリターンがかなり期待できます。

このときばかりは「新高値ブレイク投資」「決算モメンタム投資」に大きくシフトしてもいいでしょう。

「株主優待需給投資」の売りどきは「権利落ち日」までが鉄則

売りどきについては、わかりやすい順に説明していきたいと思います。ここまで読んでおわかりの通り、売りどきが一番わかりやすいのは、「株主優待需給投資」ですね。

78ページで紹介したように、株主優待の権利を取得するには、企業が定める株数を「権利確定日」まで保有していなければなりません。その権利確定日に自分の名前が株主名簿に登録されている必要があります。そのためには「権利付最終日」までに株式を購入して保有する必要があります。

「株主優待需給投資」は、この「権利付最終日」に向けて株価が上がっていく特性に便乗する投資法なので、権利付最終日の翌営業日である「権利落ち日」よりも前に売ることが〝唯一絶対のルール〟です。

だからこそ、売りどきがとてもシンプルでわかりやすいのです。

多くの企業が3月末に「権利落ち日」を設定していますが、その場合、株価のピークがおおよそ3月中旬までに訪れます。これに向けて2月中旬から高値をつけたタイミングを見計らって売っていき、3月に入ったら中旬を待たずに持ち株を売却。ポジションをほぼ解消します。

仮にその銘柄を買ったあと、取引量が少なく株価が下落傾向になったとしても、「株主優待需給投資」をやっている限りは、3月前後までに売らなければなりません。これが鉄則です。

3月末の「権利落ち日」をまたいでしまうと、結局また株価が下がるからです。

「保有していれば、そのうち上がるかもしれない」と考えて持ち続ける選択は、絶対にしてはいけません。慣れないうちに一度例外をつくってしまうと、結局別のところでも例外をつくってしまい、最終的に失敗してしまうでしょう。

もし地合いが悪くて買ったときより高値にならないとしたら、「今年はこういう年なんだな」と諦めるしかありません。

たとえば500株を持っていたとして、「株主優待がほしいから100株だけ残しておこう」というのはアリですが、3月に入っても買ったときより高値にならなければ、いさぎよく諦めて損切りし、ほかの銘柄に切り替えるのが得策です。

決算モメンタム投資の売りどきはまず「1カ月」

次に「決算モメンタム投資」の売りどきについてです。

この投資法は、**「自分がいいと思った決算を、ほかの投資家もいいと思う」**ことが大前提として求められます。自分だけがいいと思って買っても、ほかの投資家が買わないと株価は上がりませんからね。

「決算モメンタム投資」では、基本的に決算発表から1週間以内に買い、決算発表から1カ月以内にいったん売るかどうかを判断します。PERが50倍程度になっていることが、売りどきの目安です。

131ページで、「決算モメンタム投資は3カ月を3つの期間に分けて考える」と説明しました。いったん売るかどうかを判断する「1カ月」とは、好決算を発表したあと、株価が上昇していき、その後、横ばいになるまでの期間を指します。

1カ月後の時点で「株価が上がりすぎだな」「次の四半期決算も好調かどうか自信がないな」と思えば売却。逆に「3カ月後の四半期決算でもいい数字が期待できそう」「さらなる上方修正が期待できそう」と思えたときだけ、そのまま株を持ち続けます。

もちろん、この判断は難しいといえば難しいです。単純に、四半期決算の数字を4倍すれば通期予想できるわけではないからです。

決算後、実際に商品を使ってみたり、株に詳しい人に聞いてみたり、IRに問い合わせて「一過性の需要ではないか」「次の決算期で広告宣伝費や採用コストをかける予定はないか」など、決算書だけではわからない情報を追加で調査することもあります。

その結果、業績がさらによくなるという根拠が得られたときのみ、次の決算以降も保有株を持ち越すことにします。逆に十分に調べても「業績向上の根拠が得られない」あるいは「リスクがある」と感じたら、含み益があるうちに次の決算前に売ってしまったほうがいいケースが少なくありません。

第1四半期で業績の上方修正を発表するような企業は、第2四半期も好決算を発表するケースがけっこうあります。その企業に勢いがあるかどうかは、とくにBtoC企業であればわかりやすいです。

1カ月後に売却しない場合は、次に売却を検討するタイミングは原則的に決算を見ての判断になっていきます。つまり「3カ月」「6カ月」「9カ月」「1年」後という順に売買判断のタイミングが訪れるのです。

まずは「3カ月」、次の四半期決算時です。その次の「6カ月」は、さらに次の四半期決算が訪れるタイミングですが、さらにもう1つの意味があります。

制度信用取引の「建玉」が、新規建てした日から6カ月以内に返済する必要があるからです。なんのことやらピンとこないかもしれないので、詳しく説明しましょう。

なぜ「6カ月後」にチェックしなければならないのか？

株式投資には「現物取引」と「信用取引」がありますが、信用取引には「制度信用取引」と「一般信用取引」があります。

「制度信用取引」では、証券取引所の基準を満たした銘柄だけが取引の対象となります。そして、約定した日から6カ月後までに、「建玉」を返済しなければならないと定められているのです。

「建玉」というのは、約定後に反対売買されないまま残っている未決済分を指します。建玉には、「買い建玉」と「売り建玉」があり、「買いつけ」となっている建玉を買い建玉、「売りつけ」となっているものを売り建玉といいます。

これに対して「一般信用取引」は、取引対象となる銘柄を証券会社が独自に設定することができます。期限も証券会社が独自に設定することができ、返済期限が無期限となって

「信用取引」の2つの種類

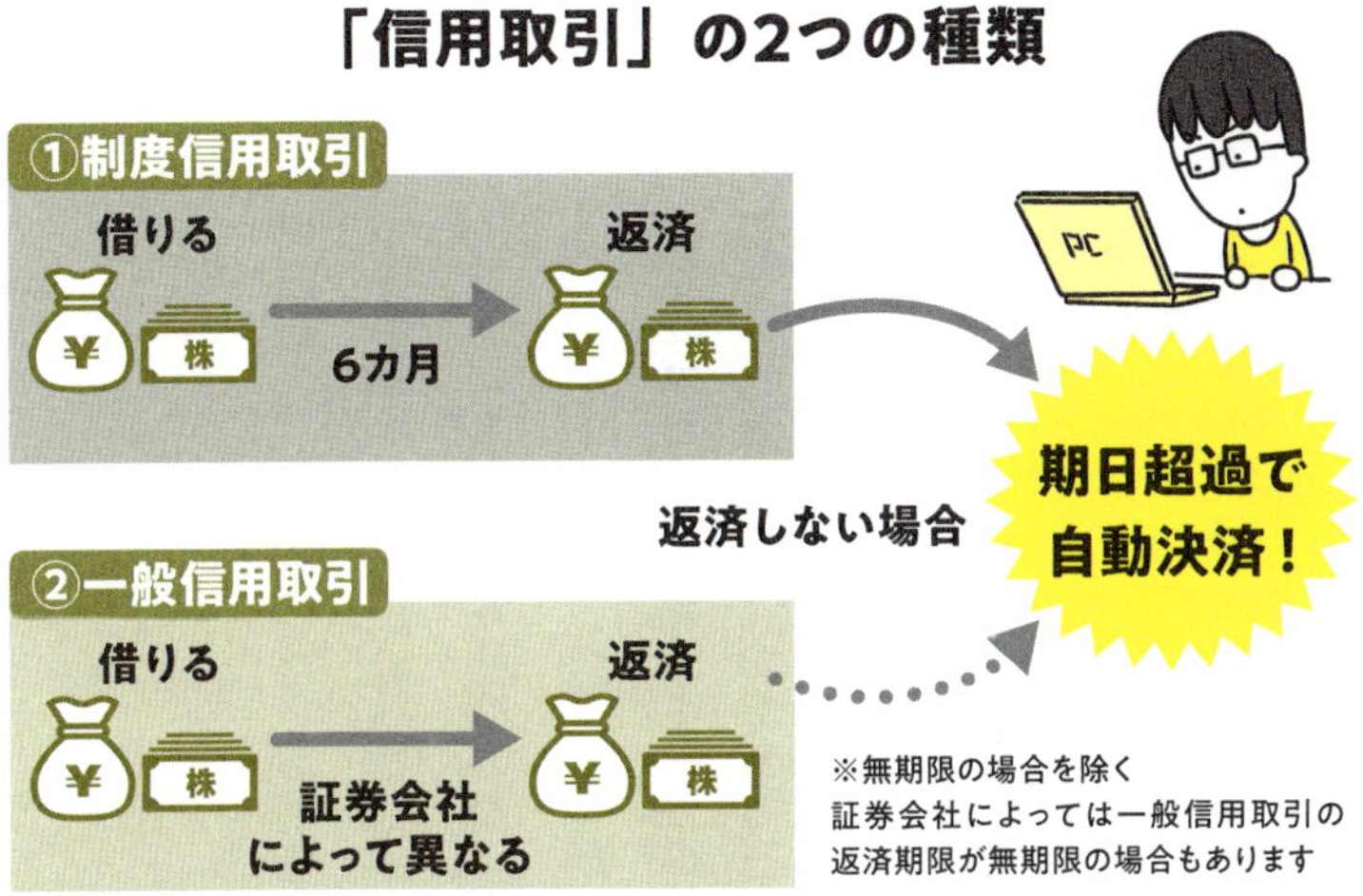

「制度信用取引」は返済期限6カ月・比較的低コスト
「一般信用取引」は返済無期限も可・比較的高コスト

いるケースもあります。

これだけを読むと、「一般信用取引のほうがよさそう」と思うかもしれませんが、一般信用取引のほうが、金利が高いのが一般的なのです。そのため「すぐ買って、すぐ売ろう」と考えている投資家は、「制度信用取引」のほうを利用する傾向が強いです。

このため、6カ月前に好決算が発表されたときに「制度信用取引」で買った人たちの「建玉」が、6カ月後にいったん売りに出されるのです。

だからこそ、好決算から6カ月後のタイミングは、そこまで続いていた株価上昇のトレンドがいったん落ち着くことが多く、この時点で落ち着いてしまうような銘柄であれば、

このタイミングで売ることを検討するべきなのです。

ただし、のちにテンバガー（10倍株）になるような銘柄は、6カ月後にさらに好決算を発表して、上昇トレンドが継続するケースがあります。そのような明らかに勢いがついている銘柄は、保有し続けていいでしょう。

もっとも、どんな銘柄の勢いも相場の勢いも、そう何年も続くものではありません。基本的には「1年」を目安に売却するほうがいいと思います。

私が保有株を売却する理想の展開は、1カ月後に上昇したところで少し売り、その後3カ月、6カ月と少しずつ売って、1年後には全部なくなっている——という流れです。

それでも売ったあとに株価が上昇していって、ちょっと悲しい思いをすることも少なくありません。まぁ、それは結果論ですし、どうせ次の決算期にはまた新しく買いたい銘柄も出てきます。

株価2倍になったら半分売る

次は「新高値ブレイク投資」の売りどきです。まずは何をきっかけに「新高値」をつけたかで、分けて考える必要があります。

1つは「新高値ブレイク投資＝決算モメンタム投資」となるケースです。つまり、好決算を起点に株価が上昇し、それがたまたま「新高値」をつけるというケースです。

実のところ、このケースはとても多いです。これは「決算モメンタム投資」と同じですから、売りどきも基本的には同じ。「1カ月」「3カ月」「6カ月」「9カ月」「1年」のタイミングで売買の判断をします。

次に、「新高値」をつけたのが、好決算が起点ではないケースです。その場合、まずは買ってから株価が2倍まで上昇したところで、売ることを検討し始めます。

その後も上昇トレンドが続くとしても、私は「株価2倍になったら半分売る」と決めています。

たとえば100万円分買った株が2倍の200万円まで上昇したところで、半分の100万円は利益確定するということです。

そうすれば、その時点で投資元金は回収できるわけですから、その後、仮にどれだけ株価が下がったとしても、その銘柄への投資でマイナスになることはありません。

中長期投資はシナリオが崩れたときが売りどき

最後は「中長期投資」の売りどきについてです。

売却するタイミングは、「買ったときのシナリオが崩れたとき」「短期間で急騰したとき」「ほかにほしい株が出てきたとき」と大きく3つに分かれますが、そのなかでも一番多いのは**「買ったときのシナリオが崩れたとき」**です。

中長期投資の場合、「損切り」と「利益確定」は表裏一体です。「買ったときのシナリオが崩れたとき」に含み益があれば利益確定になるし、含み損があれば損切りになります。

「シナリオが崩れる」というのは、たとえば魅力的な商品・サービスがあって業績が伸びると思っていたのに、競合他社にシェアを奪われて、業績予想の「進捗率」が低迷し、業績の下方修正が出てしまうようなケースです。ほかにも、買いの根拠として考えていたことが自分の勘違いだったケースなどもこれに該当します。

残すべきは〝自分にとって有利な銘柄〟

2つ目の中長期投資の売りどきは、**「短期間で急騰したとき」**です。

194ページから紹介した中長期投資にオススメの10銘柄を再びチェックしてもらえるとわかりますが、そもそも私が投資する銘柄は、時価総額が数十億円から数百億円程度の「中小型株」が中心です。

そのため、好決算をはじめ、何か好材料が出たときに株価が急騰することがあります。株価があまりに急騰すると、その反動で急落することが多いですから、いったん高値になったところを見計らって売却し、その後、下落したところで買い直すこともあります。

最後、3つ目の中長期投資の売りどきは、**「ほかにほしい株が出てきたとき」**です。これは、現金買付余力がないときに「保有株を売却して、そのお金をもっと利益が得られそうな銘柄にシフトする」というケースです。

現金化するときには「売るべき銘柄」と「残すべき銘柄」を間違えないようにしてくだ

さい。**結論からいうと、残すべきは保有株のうち「含み益ランキング」が上位の銘柄です。**

いまあなたが、次の２つの銘柄を保有しているとします。

❶かなり勢いがあるけれども、あまりいいタイミングで買えず〝含み益が少ない銘柄〟
❷そこまで勢いはないけれど、絶好のタイミングで買ったので〝含み益が多い銘柄〟

この場合、残すべきは後者のほうです。

含み益が多い銘柄はそれなりに強い銘柄のはずですし、含み益が大きいということは、いいタイミングで買えたということ。そういう銘柄は自分にとって相性のいい銘柄ですから、私の経験上、残しておくといい結果になることが多いです。

一見すると合理的ではなさそうに思えるかもしれませんが、これが案外本質をついていると思っています。

「ヒストリカルPER」は要チェック

104ページで触れましたが、私は売りどきの目安として、**「ヒストリカルPER」**はよく参考にしています。

ヒストリカルPERとは、「過去のPER」のことです。なぜ過去のPERが役立つのかというと、その銘柄独自の株価の「天井」や「底」を知るのに役立つからです。

一般的には「PER15倍以上であれば割高、15倍未満であれば割安」といわれていますが、そもそも業種によっても上場している市場によっても、PERの水準はだいぶ異なります。

たとえば、これまで「一番高いPERは50倍、一番低いPERは15倍」のA社と、「一番高いPERは15倍、一番低いPERは3倍」のB社があるとすれば、A社のPER15倍は〝安値圏〟、B社株のPER15倍は〝高値圏〟となります。

そのため、同じPER15倍でも、A社であれば「買い」、B社であれば「売り」という1つの判断材料になるのです。

「ヒストリカルPER」をチェックして、その銘柄の「安値圏で買う」「高値圏で売る」ことを徹底しておけば、そう失敗することはないと思います。

私が常用している「株探」ではヒストリカルPERを簡単にチェックできます。

「中長期投資」では、地合いがいいときほど利益確定のタイミングに悩まされます。相場が軟調あるいは下落相場であれば、マイルールに従って「そろそろ勢いが落ちてきたから、いったん売って（減らして）おこう」と判断しやすいのですが、相場が好調だと「もう少し持っておいたほうがいいんじゃないか」と心が揺れてしまいがちなのです。

たしかに好調な相場が始まったばかりのころは「長く持っておく」ことが功を奏することが多いです。

しかし、短期間で急騰したときなどはヒストリカルＰＥＲを見て冷静に売買判断をしなくてはいけません。

くれぐれも上昇相場だと思って保有し続けていたところ下がってしまい、「一時はそれなりの含み益が出ていたのに損切りしなければいけなくなった……」という悲しい事態にならないよう気をつけましょう。

それぞれの銘柄で「ヒストリカルPER」をチェックして適正株価の見極めに役立てる

「株探」(kabutan.jp)より

COLUMN
9

あなたの投資スタイルは？

投資の基本に戻りますが、株式で儲けようと思うと、原則的には「安く買って、高く売る」か「高く買って、さらに高く売る」のどちらかになります。前者がバリュー（割安）株投資、後者がグロース（成長）株投資の考え方です。

グロース株投資を実践する私ですが、企業が注目される直前にその銘柄を買ってしまい、企業の成長の最初から最後までの値幅をすべてとりたいので、その意味ではバリュー株の要素もゼロというわけではありません。

あくまで〝どちらかといえば〟グロース株投資という立ち位置です。

このようにひと口に「投資」と言っても、いろんな切り口があります。

「順張り」か「逆張り」かという分け方もできます。順張りというのは、株価が上昇する傾向にあるタイミングで「今後もっと上昇していくはずだ」と考えて株を買いにいく方法です。反対に株価が下落する傾向にあるタイミングで、「もうここからは上昇していくに違いない」と考えて買いにいくのが逆張りです。

時間軸で見た場合の投資スタイルとしては、「スキャルピング」「デイトレード」「スイングトレード」「中長期投資」の4つに分けられます。

投資家の属性としても、「投資家」か「トレーダー」かという違いもあります。基本的に投資家は安いときに株を買い、中長期的な目線で利益を狙う人たちです。一方のトレーダーは、より短期的な利益を重視するような人たちで、需要と供給のギャップを重視し、勢いがあるところで買っていきます。

得意な局面も人によって異なります。新高値ブレイク投資や決算モメンタム投資は、上昇相場の局面でよく機能しますが、私自身は、「勢いのいい上昇相場」があまり得意ではありません。それなりに思い切った投資はするほうですが、もともと保守的であり慎重派なので株価が5倍、10倍になる前に売ってしまい、株価急上昇の波にうまくのれないからです。

自分に合った投資スタイルを見つけることは、あなたの資産形成のスピードを速めます。ただし「向いている手法」と「憧れている手法」が必ずしも一致するとは限らないことには、注意が必要です。どれだけデイトレードに憧れたとしても、自分に向いていない投資法に手を出すと大ケガをしかねません。

また、投資スタイルを決めるにあたって、最も重要なことは、「全体の相場が暴落してしまい冷静でいられない局面で、自分がどういう投資行動をとってしまうのか（全部投げてしまうのか、含み損を放置してしまうのか）」をベースに設計することです。

さてあなたのベストな投資スタイルは、どんなものになるのでしょうか。

PART 10

株で損する人の特徴

株で失敗する人にはどのような特徴があるのか？

株式投資を始めるときに、私が最初に考えたのは、**「株で失敗する人たちにはどのような特徴があるのか」**ということでした。とにかく「損はしたくない」と思ったからです。

まずはパソコンで「株　失敗　原因」などとキーワードを入力して検索。当時は匿名掲示板「2ちゃんねる」が上位に出てきたので、そこで失敗した人の経験談を読み漁《あさ》ったのです。

すると、失敗のパターンは、次の2つに集約できることがわかりました。

失敗の原因❶　レバレッジを効かせる

失敗の原因❷　空売りをする

この2つがどういうことなのかをわかりやすく説明しておきましょう。

失敗の原因❶ レバレッジを効かせる

218ページで説明しましたが、株式投資には「現物取引」と「信用取引」の2つがあります。改めて説明すると、現物取引とは、株式を「現金」で売買する取引のこと。自分の手元に現金100万円があれば、株式を100万円分買うことができます（話をシンプルにするため「手数料」は脇に置きます）。

一方、信用取引とは、証券口座で「現金」や「株式」を借りて売買する取引を指します。この信用取引には、**「レバレッジ」**と呼ばれる仕組みがあります。レバレッジとは「てこの原理」を意味しますが、少額の資金で大きなリターンが期待できることから名づけられました。

信用取引は最大で、約3・3倍のレバレッジをかけることができます。つまり現金100万円があれば、最大で株式を約330万円まで買うことができるわけです。この際、信用取引でお金を借りて、買い建てた株を、**「買い建玉」**と呼びます。

信用取引のレバレッジ効果とは？

信用取引のレバレッジは証拠金の約3.3倍までの取引が可能
少ない資金で大きな利益が得られる半面、リスクをともなう

もし仮に100万円で買った銘柄の株価が2倍になったらどうなるかを考えてみましょう。含み益が100万円になるわけですから、現物取引の場合、売却すれば元手100万円を差し引いて100万円の利益を得ることができます。

次に信用取引でレバレッジを最大3・3倍までかけて株式を買ったとすると、保有している「買い建玉」は、200万円×3・3倍で実に660万円になります。元手100万円×3・3倍を差し引いても利益330万円になりますから、「元手100万円」という同額のスタートで同じだけ株価が上がったとしても、現物取引と信用取引では、実に

230万円もの収益差が生まれることになります。

もちろん、「大きなリターンが期待できる」とは「大きな損失を生む恐れがある」ということでもあります。

このとき、株価が2分の1になってしまったらどうなるでしょうか。現物取引では、株価は50万円になります。大きなダメージではありますが、まだ現金で50万円残っています。

一方、信用取引でレバレッジを最大に効かせた場合、単純計算で330万円分の「買い建玉」が半値になるわけですから、評価額は165万円。元手100万円でマイナス165万円をこうむるので、マイナス65万円となります（わかりやすく説明するため、委託保証金や手数料などは脇に置きます）。

どれだけ株価が下がったところで、株価0円になることはまずありません。仮に1円になったとしても、現物取引ならマイナスにはなりません。ですから、余裕資金で現物取引しかしなければ、株で破産することはまずないといえます。

さらに現物取引であれば、株価がいったん大きく下がったとしても、そのときに売らずに持っていれば、また上がることもあります。

ところが、信用取引ではマイナスになってしまうことがあるわけです。ですからレバレッジをかけることはリスクをともなうのを忘れてはいけません。

「追証」という〝地獄的な仕組み〟

さらにつけ加えると、信用取引には**「追証《おいしょう》（追加保証金）」**という仕組みもあります。

信用取引は、誰でも無条件で開始できるわけではありません。株を購入（約定）する際に必要どなる代金の30％以上を、**「委託保証金」**として差し入れなければならないという決まりがあります。

つまり信用取引で３３０万円分の株を購入するためには、99万円の「委託保証金」が必要になるわけです。信用取引において新規に取引するために必要な約定代金に対する委託保証金の割合である**「委託保証金率」**は証券会社ごとに設定できますが、だいたい「30％」が基本となっています。

信用取引で評価損が発生した場合、この委託保証金から差し引かれることになっています。証券会社は、信用取引をしている投資家から「レバレッジをかけて勝負しましたが、株価が下落してしまい、払えるお金がなくなりました」と言われてしまうと貸したお金を回収できなくなってしまいますからね。

ですから、先ほどの例でいうと、信用取引で元手100万円に最大のレバレッジ（3・3倍）をかけた場合、**「元手100万円で330万円の株式を購入、委託保証金として99万円を差し入れた」**という構図になります。

そして重要なのが、各社ごとに**「最低委託保証金維持率」**が定められているということ。評価損が膨らめば、その分、委託保証金から差し引かれる仕組みです。

すると当然、**「委託保証金÷買い建玉」**で表される委託保証金率は下がります。先ほどの例でいうと、分母の「330万円」は変わらないのに、委託保証金が減ると分子の数が小さくなりますからね。

このとき、たとえば「委託保証金率が20％未満になってしまった場合、それが20％に回復するまで、不足する委託保証金を差し入れるか、評価損を抱えた株式を返済する」といったルールが証券会社によって定められています。

委託保証金率や何％まで回復させなければならないかは証券会社によって異なりますが、

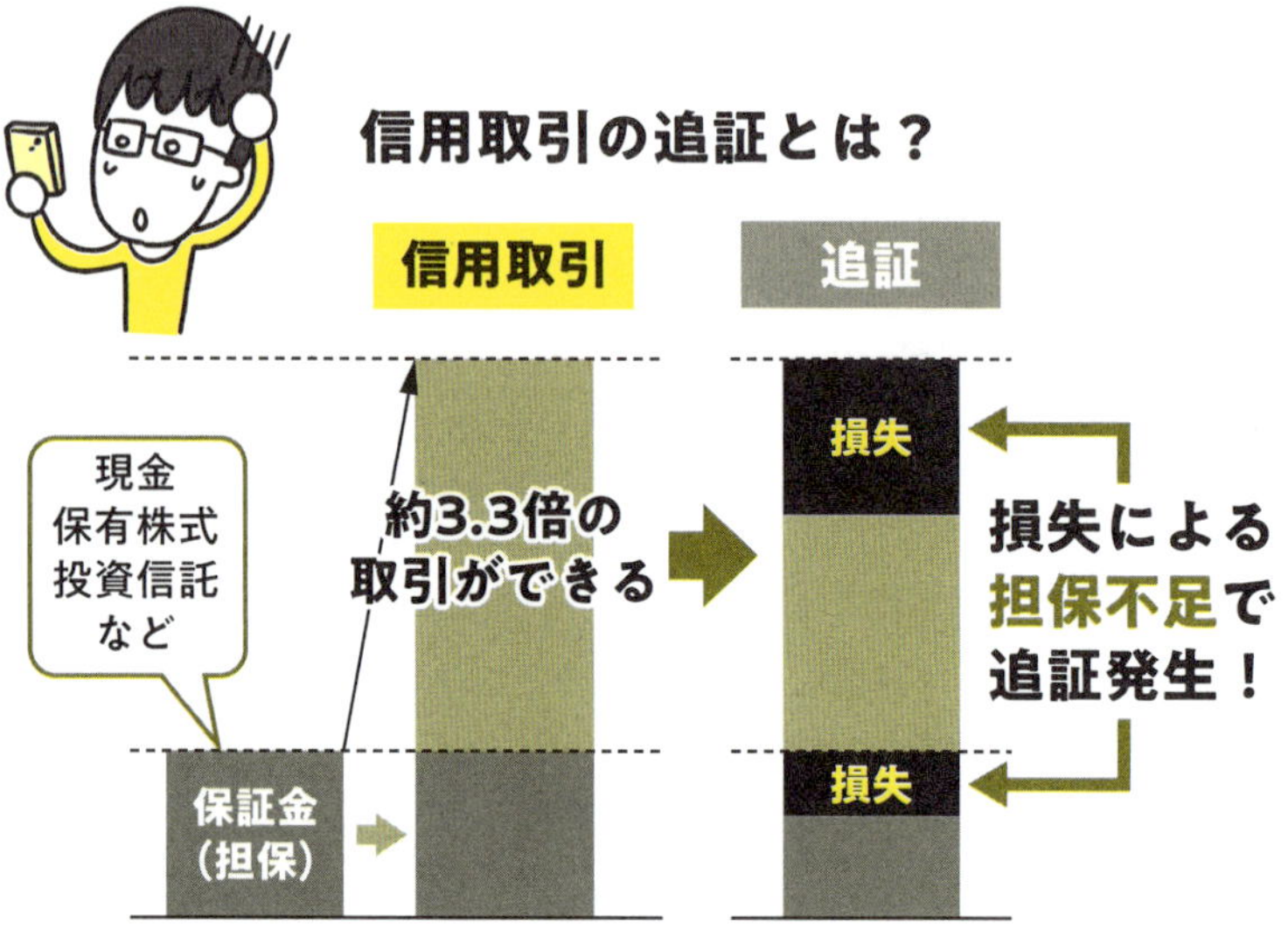

評価損が拡大して証拠金維持率が基準を下回ると
追加で入金が求められる「追証」の仕組み

委託保証金が不足した場合、現金を差し入れるか、株式を返済するか、どの証券会社でもどちらかが求められます。

追証を判定するタイミングは、毎営業日の大引け（後場の最後の売買）時点です。先ほどの例の続きで、約定時に1株3300円だった株価が1株2600円まで下落したとします。

信用取引で1銘柄に330万円を投資した場合、1000株保有していることになりますから、「(1株3300円－1株2600円)×1000株」で70万円のマイナス。このマイナス分が委託保証金から差し引かれますから、残りは29万円。委託保証率は「29万円÷

330万円」で約8・8％となり、「追証」が発生するわけです。

このとき求められる追証の金額は、たとえ翌日に株価が回復しても変わりません。

現物取引では、どれだけ株価が下がったところで「いつか必ず戻ってくるはずだから、しばらく売らずに持っていよう」としても、別に費用が発生するわけではありません。

しかし、これが信用取引だと追証が求められ、さらにまた追証が求められ……といったことを繰り返して、資金が尽きて株式市場からの退場を余儀なくされる〝追証地獄〟に見舞われるリスクがあるのです。

失敗の原因❷　空売りをする

次に「空売り」についてです。先ほどの例で紹介したのは、「証券会社から**『お金』**を借りて株式を買う」という信用取引でした。

さらに信用取引では、「証券会社から**『株式』**を借りて、その株式を売って差益を得てから、決済期日までに株式を返却する」という方法も選択できます。

こうして売った株式は**「売り建玉」**と呼ばれます。

この方法を使うのは、**「株価が今後下落する」**と期待するときです。現物取引であれば、株価が上がらなければ儲けることはできませんが、信用取引であれば株価が下がったときにも儲けることができるのです。

たとえば、１株２０００円のＡ社株を５００株〝売り建てた〟とします。このとき何が起きているかというと、投資家が信用取引で５００株の売り注文を出したことにより、証券会社は投資家に株式を貸し出すと同時に、いったんそのときの価格で株式を売却しているのです。

ここで売却した金額は（１株２０００円×５００株＝）１００万円ですよね。この１００万円はすぐに投資家のもとには入らず（証券会社が担保として保有しています）、投資家が５００株を証券会社に返済したところで投資家に渡されることになります。

その後、Ａ社株が１株１０００円まで下落したとします。そのタイミングでＡ社株を５００株買って証券会社に返済すると、50万円でＡ社株を買って証券会社に返済し、証券会社からは１００万円の売り建て値が渡されるわけです。これで50万円を儲けたことになります。

このように、株価が下がることを見越して売買する方法を**「空売り」**と呼ぶのです。

株価が下がったときに儲ける仕組み

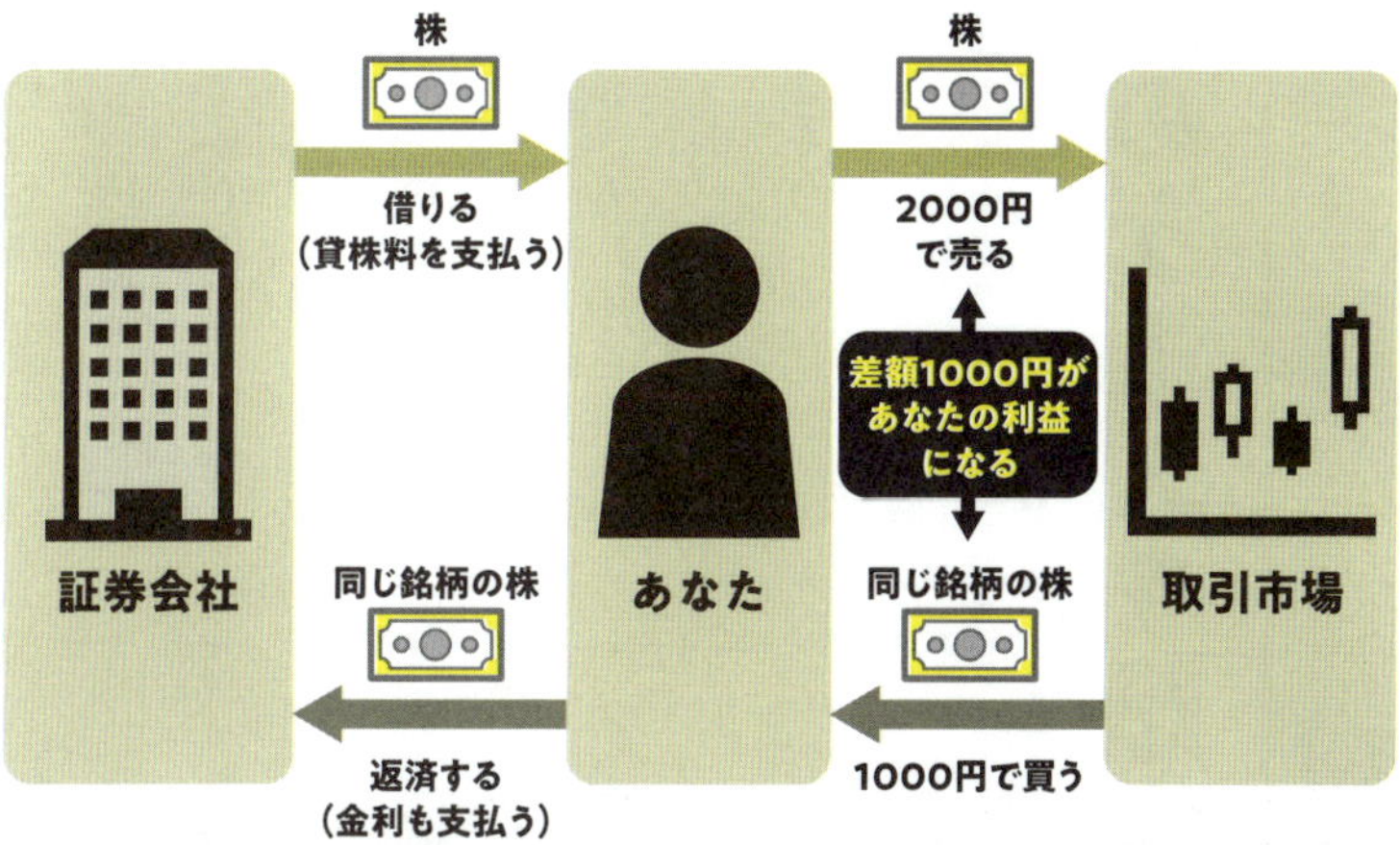

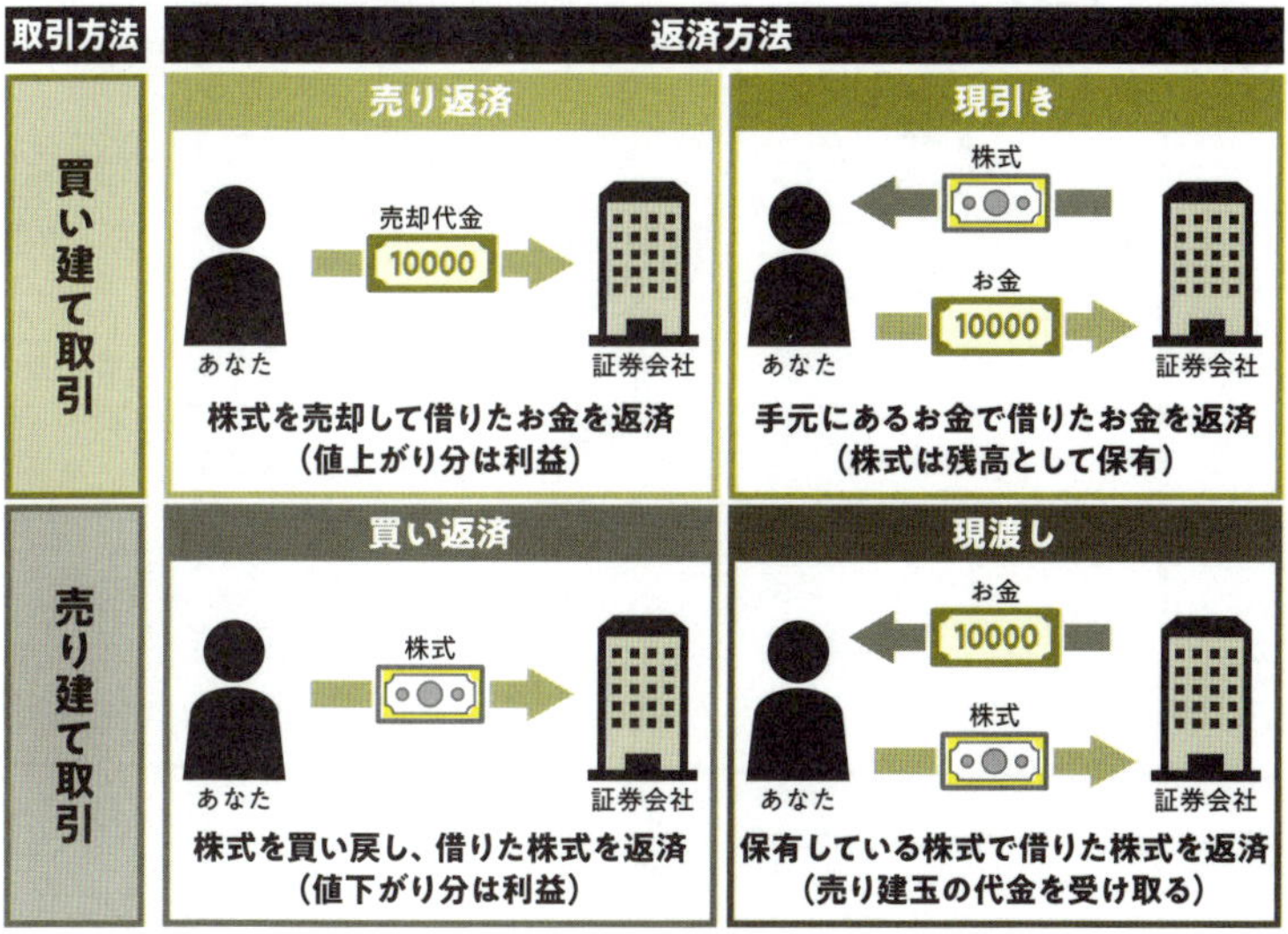

しかし、この「空売り」は、大きなリスクをはらんでいます。

株価は、どれだけ下がっても0円未満にはなりません。１株２０００円だとしたら、最悪でも1株0円です。仮にレバレッジを最大（約３・３倍）までかけていても、最大の損失額は想定できます。

一方、空売りの場合、株価が下がるという予想に反して、「どこまで株価が上がるか」はわかりません。１株２０００円が1株2万円になることだってないとはいえません。ですから空売りの場合、予想に反して急騰したときのダメージが非常に大きいのです。

もちろん、「空売り」も信用取引の一種ですから、「委託保証金」の不足による「追証」があります。

信用取引のレバレッジは最悪のケースを想定

さて、散々信用取引の怖さを述べてきましたが、私自身は信用取引をすることもあります。そもそも、本格的に株式投資を始めて現・ジンズ株を買ったときに信用取引を活用したことを前述しました。

しっかりと信用取引のリスクを認識し、しっかりと調べたうえであれば、多少はレバレッジをかけてもいいと思います。

信用取引をうまく活用してレバレッジをかければ、資産の増えるスピードは速まります。**ただし、自分の現金買付余力をきちんと把握しておくことが大前提です。そのうえで私の場合、基本的に信用取引のレバレッジは資金のせいぜい2割程度にとどめています。**

たとえば３００万円の投資資金であれば、信用取引で株を購入するのはせいぜい60万円まで。大地震など、どんな想定外のことが起こるかわかりませんから、現物取引よりリスクの高い信用取引をするときは、かなり保守的に運用することを心がけています。

またレバレッジをかけるときは、「逃げ足は早く」が鉄則です。

現物株であれば急落に耐えられても、信用取引での急落は耐えられない可能性が多分にあります。

下落相場の前には、わりと大きな上昇トレンドがよく発生するものです。そのため、信用取引でレバレッジをかけるときには、とくに上昇相場にあるほど「相場がクラッシュする可能性はどの程度あるか」を考慮しておかなくてはなりません。

信用取引でレバレッジをかけて資産を失うのは、思考が停止しているケースがほとんどです。とくに、全体相場のクラッシュ時には、自分のとっているリスクの大きさに気づかず、思考停止に陥り損失を拡大させてしまうケースがあります。ですが、ここでお伝えしたことを確実に守れば、信用取引は〝怖すぎる〟ものではないと私は思います。

株で失敗する人の5つの特徴

信用取引で致命的な失敗をする人もいますが、現物取引で失敗してしまう人も少なくありません。そうした人の特徴は、大きく5つに分けられます。

失敗❶ 自分を過信する

失敗❷ 損切りしない

失敗❸ 計画外の「ナンピン買い」をする

失敗❹ 大暴落に備えない
失敗❺ 自分で考えない、勉強しない

これら5つの特徴をざっと眺めて、「私は大丈夫」と思ったでしょうか？　ただし、どんなに気をつけても、実際には〝やってしまう〟ことが多いのが、人間の怖いところなのです。何を隠そう、私もやってしまったことがあります。

ちなみに「ナンピン買い」というのは、保有株の株価が下落したときに、その株を買い増す投資手法です。

株価が下がったときに買えば、平均購入単価が下がりますから、理屈からすると含み損を解消しやすくなりますが、古くから**「下手なナンピン素寒貧《すかんぴん》」**といわれるように、「下手にナンピン買いをすると、すっからかんになってしまう」というくらいリスクをはらんでいます。

さて、5つの特徴について、より実感してもらうため、具体的なケースをベースに見ていきましょう。

自分を信じたことが裏目に……

失敗例❶（資金管理ミス）

いろいろと調べて自信を得たうえでA社株を買ったけれど、ゆるやかに下落して含み損を抱えてしまった。「これは割安になった！」と思い、ナンピン買いを続けていたが、株価がいっこうに上がらない。「どう考えてもこれ以上安くなるはずがない、自分の予測は間違っていないはず」と信用取引でナンピン買いを入れたところで、相場全体の株価急落の憂き目に遭い、「もうどうしていいかわからない！」と〝ろうばい売り〟したところが底値……その後、株価がグングン上昇していったのであった。

投資で大損してしまう人の一番の大きな要因は、「自分を過信する」ことにあります。

投資に限らず、物事にちょっと慣れてきたときに起こりがちな失敗ともいえます。

多くの人は、投資を始めた当初は慎重に銘柄を選び、その値動きを注視するはず。ですから、初心者ほど手痛い失敗が少ないのです。

2024年1月に新NISA（少額投資非課税制度）が始まり、投資信託だけでなく、成長投資枠で個別株投資を始めた人も少なくないと思います。しかし、最初から大損して投資資金が底をついてしまったという話は、あまり見聞きすることがありません。

ところが、何度か成功して資産を積み上げていくうちに、その慎重さを失ってしまいがちなのです。

2024年初頭、造船銘柄が爆上げしましたが、買った株が上がり続けると「自分は株の才能があるんじゃないか！」なんて思い、あまり勉強しなくなってしまう人も多いです。

そういう人ほど、だんだん相場が軟調になってくると、何を買ってもうまくいかないようになりがちです。

それでも、ちょっとした成功体験があるがゆえに、漠然と自分を過信してしまい、「次こそは大丈夫」と資金を突っ込み、また失敗する……といったことを繰り返し、やがて退場に追い込まれるケースもあるのです。

そうならないようにするためには、次のような思いが浮かんできたら要注意です。

要注意①　自分が選んだ銘柄だから、絶対に上がるはず

要注意②　一時的に下がっているだけだから、「押し目買い」のチャンスだ

要注意③　あのときも大丈夫だったし、今回も大丈夫だろう

「押し目買い」というのは、株価が上昇トレンドを描いているとき、一時的な下落で割安になったところで拾い買いすることです。投資の世界では、株価下落を「押す」と表現するので、このような言い方をします。

もちろん、これらの考え方が必ず失敗を招くわけではありませんが、仮に10銘柄に投資したうち9銘柄が、この考え方でなんとかなったとしても、残りの1銘柄でとり返しのつかない大失敗を犯してしまうことがあるのです。

もしこの考え方で、これまで大丈夫だったとしたならば、それはたまたまラッキーだっただけかもしれません。

次の銘柄への投資でも、大丈夫だという保証はどこにもありません。

とくに「ナンピン買い」をするときは、事前にどこでいくらナンピン買いするかを計画しておくことが重要です。そして計画外のナンピン買いはせず、一定の評価損になったところでの損切りは必須です。しっかりと事前にルールを定め、それに沿った行動をしましょう。

ちなみに「押し目買い」と「ナンピン買い」は、どちらも株価が下落したときに買う手法ですが、ちょっとした違いがあります。

「押し目買い」は、上昇トレンドのなかで、一時的に下落したときに、株価の再上昇を期待して買う手法。「ナンピン買い」は、下落相場が続いたときに、さらに保有株を増やして平均取得単価を下げる手法です。

いずれ株価が戻ってくるだろうと損切りせず……

次のケースを見てみましょう。

失敗例❷（含み損放置）

B社株を購入したところ、30％下落してしまった。現物株なので、いつか株価が戻ってくることを信じて、持ったままにしておいた。そのうちに株価が暴落してしまい、その後も株価はまったく戻ってこず、身動きがとれなくなってしまった。

このケースの場合、まずは「機会損失」していることが、もったいないです。

たとえば、１００万円を投資した銘柄の株価が30％下落し、70万円に減ったまま〝塩漬け〟し続けても、その価値はさらに減るかもしれません。

しかし、一時的に痛みをともなっても70万円で損切りして、別の有望株に資金を移し、その後1年かけて2倍株になったとしたら、資産は１４０万円と40％も増えます。

もっとも、こんなことをいう投資家もいます。

「機関投資家は他人の資金を預かって運用しているため、短期的な利益獲得を求められるけれど、個人投資家は自己資金で運用しているので、中長期的な視点に立って、短期的な下落時に売らなくてもいい点に強みがある。その企業の成長シナリオが崩れていないのであれば、いずれ株価は戻ってくるはずだ」

こんな投資家の発言を真に受けて、含み損を放置している人の多くは、結果的にたいして儲けられていないと私は思います。

さらに問題なのは、「暴落時の行動を決めていないこと」です。株式市場は数年から十数年に一度は、大きな暴落を経験しています。

ブラックマンデー（１９８７年）、バブル崩壊（１９９０年）、ＩＴバブル崩壊（２００１

年）、リーマン・ショック（２００８年）、東日本大震災（２０１１年）、コロナショック（２０２０年）——と、いずれも大きく相場を下げました。

前述のように２０２４年８月５日には、日経平均株価の終値が３万１４５８円と前週末比で４４５１円下落し、過去最大の下げ幅を記録しました。

相場全体が暴落してしまうと、企業努力の有無にかかわらず、どの銘柄の株価も下がってしまいます。そうなると多額の資金を投資に回している投資家ほど資産の下落幅も大きく、必然的にストレスを抱えてしまいます。

「暴落時にどういう行動をとるのか」を自分の投資手法のベースに置かなくてはいけません。私の場合は、下がったら、まずは損切りしてしまいます。

やはり、いつ上がるかわからない含み損を抱えた株を持っているよりも、いったん損切りして、より自信のある株に資産を移し、もし本当に株価が戻ってくるのであれば、そのときに再度売った株を買い直したほうが資金効率は高まります。

そもそも私は、大きな含み損を抱えた銘柄がポートフォリオ（資産配分）にあること自体にストレスを感じます。そんなストレスを抱えるくらいなら、いったん損切りしてしまって気持ちをリセットしたほうが、精神衛生上もいいのです。

失敗例❸（投資手法が固まってない）

C社株を購入したところ、30％下落してしまった。少し保有していたけれども、10％程度戻ってきたところで損切り。しかしその後、株価はどんどん上がり続け、購入時の株価に戻るどころか、さらに上昇。次にD社株を買ったところ、わずか数日で30％上昇し、利益確定。ところがD社株も、さらに上がり続けてしまった。この反省から、次に買ったE社株は信用取引でレバレッジをかけたところ、20％下がってしまった。「どうせ戻ってくるだろう」と楽観視していたら、下方修正が出てストップ安に。追証（追加保証金）を食らった……。

「買ったら下がる」「売ったら上がる」というのは、〝相場あるある〟ともいえます。この人の問題は、投資ルールが定まっていないことです。「売ったら上がる」ことを何度か経験して悔しい思いをしたからといって、損切りのルールもなくレバレッジをかけるのは自殺行為とさえいえます。

株価が急落したとき、現物取引であれば「押し目買い」「ナンピン買い」をして仮に損をしても、投資した資金以上には損は広がりません。ところが、信用取引でレバレッジをかけて損をしてしまうと、元手以上の損失をこうむることにもなりかねません。

さらに株価が下がる可能性もあるなかで、明確なルールもなく、「どう考えても安値だ。信用取引でレバレッジをかけて勝負しよう！」と考えるのは、投資ではなく〝危険な投機〟なのです。

Xの情報をうのみにして損をする

失敗例❹（他責思考）

SNSの投資家界隈で有名な個人投資家・Fさんが、「G社株がオススメ」とXに投稿していたので買ってみたが、その後、株価がどんどん下がってしまった……。

ひょっとしたらＳＮＳで有名な個人投資家のＦさんは、その銘柄が安いときに買って、自分だけ売り抜けるために「オススメ」と投稿していたのかもしれません。

投資の判断軸を他者に委ねていると、たまたま株価が上昇したときはともかく、下落したときが難しいです。「この株がいい」と投稿したＦさんは、その後の投資戦略までは教えてくれません。

そうなると下落時の判断を自分で下せず、そこで大損するかもしれません。

最初に株を買うきっかけは、他人のまねでもいいかもしれません。しかし、投資家として資産を拡大していきたいのであれば、その後自分で調べて、自分の判断で投資しなければいけません。もちろん、この本で紹介している銘柄も同様です。

あなた自身の〝投資戦闘力〟を高めなくてはいけないのです。そのためには、自分の戦い方や身の守り方を追求していく必要があります。

他責思考の人が、集中投資をするのは危険です（どうしても他力本願になってしまうならインデックス投資をオススメします）。

ボラティリティを甘く見すぎて……

次ページにあるのはｙｕｔｏｒｉ（５８９２）の上場後1年間の株価チャートです。

ご覧の通り、上場してからすぐに下落し❶、１カ月ほど横ばいの状態にありましたが❷、2月からどんどん上がり❸、３月に高値をつけたと思ったら4月に急落❹、また5月にかけて上げていき❺、８月にかけて下がっていく❻——という激しい値動きを繰り返していきます。この相場のなかで、こんな投資家もいたはずです。

失敗例❺（ボラティリティにのまれる）

上場前から注目していたが、上場後の2月に株価が上がり始めたので「打診買い」をすると、さらにどんどん上昇。月次決算もいい。信用取引でレバレッジをかけて買い増したところ、そこが株価の天井……その後、株価が急落した。

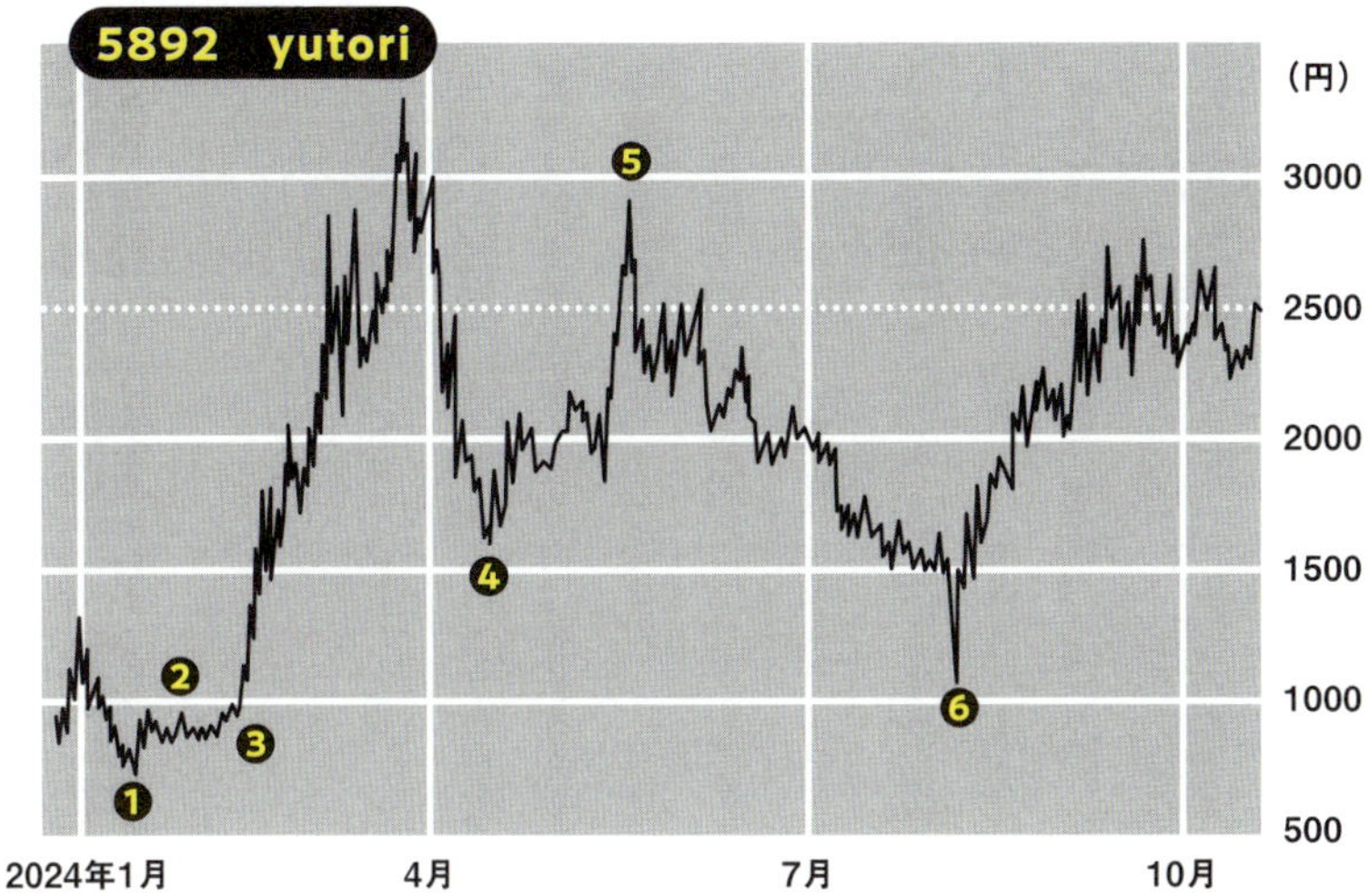

急騰と急落を繰り返し、信用取引やナンピン買いを続けた投資家が
最終的に大暴落に巻き込まれる展開に……

「いい会社だから絶対に上がるはずだ」と思っていたら案の定上がり始め、「よしよし」と思っていたらまた下がり始めた。一時的な調整に違いないと信用取引で「ナンピン買い」を継続。その後も株価は下げ続け、最後のナンピンを発動。そのまま2024年8月5日、過去最大の下げ幅を記録した大暴落の憂き目に遭い、証券口座には追証の警告が。結局、焦って最安値で株を投げ売る羽目に。万事休すとなった……。

ボラティリティの大きい銘柄は、短期間で大きく資産を増やすチャンスがある一方、大きく減らすリスクも含んでいるのです。

10

資産1億円の先にある世界の分かれ道

〝資産1億円の先にある世界〟とは、どういうものでしょうか。私の経験上、どうやら人によって資産1億5000万円から2億円あたりで、投資手法が分かれていくようです。

一方は、「いままで通りに資産を増やしていく」タイプ。本書でいえば、「新高値ブレイク投資」や「決算モメンタム投資」で、資産2億円を4億円、4億円を8億円へと増やしていくタイプです。「期待値が高い投資法を続けるほうがいいに決まってる」と考える人ですね。リスク選好度は高いといえるでしょう。

もう一方は、「安定した手法に移行する」タイプ。高配当株や優待株、あるいは国債を買うなどして、資産の安定性を高めようとするタイプです。当然ながらパフォーマンスは低下します。

人生を楽しむためには50億円とか100億円は必要ないと思いますし、それより、安定を求めることは悪いことではありません。

仮に配当利回り3%の銘柄に資産3億円をすべて移せば、年間の配当金だけで900万円になります。

実は、私も高配当株に資産を移そうかと、心が揺らいだことはありました。資産1億円に達したとき、実際に高配当株にポジションを移したこともありましたが、ちょうどそのときに株価の暴落が起きたのです。

あのときの出来事は「たまたま」というわけでもないと感じています。暴落が起きるのは、相場の環境がよくなって資産が増えているようなとき。どうも思考が停止しがちな高配当株に資産を預けておくことは、性に合わないと悟ったような気がします。

また、会社を辞めて専業投資家になった翌年の2024年も思ったようにパフォーマンスが伸びませんでした。安定収入がなくなり、チャンスで十分なロットを入れられなかったり、利益確定が早すぎたりと、「保守的な思考」がパフォーマンスを押し下げてしまったのです。

攻撃は最大の防御ともいわれますから、反省して、現在は再びリスクをとっています。

話を戻しましょう。ある程度の短期間で資産を築きたいと思えば、そのプロセスには相応のリスクがつきものです。ですが、資産を築いたあとは、選択の自由度はより高まります。

私としては、〝資産1億円の先にある世界〟では、自分の人生を豊かにする方向にシフトして、投資もある程度、自分にストレスがかからないような安定的な運用をしてもよいのではないかと思っています。

ただ、投資で1億円を稼ぐことができた人というのは、そもそも投資が好きな人が多いですし、なかなか投資をきっぱりやめて高配当株で悠々自適に暮らす……とはならないようです。難しいですね。

PART 11

勝てる投資家は見逃さない「決算書の読み方」

押さえておきたい決算のポイント

「株式投資」と「決算」は、切っても切れない関係です。上場企業は、「四半期ごとに決算短信を発表しなければいけない」とも定められています。

「決算短信」とは、上場企業が四半期や事業年度の決算内容をまとめた書類で、投資家が投資判断をする材料となる情報です。証券取引所が公表している参考様式に基づいて作成するように要請されているので、どの企業もそのつくりはほとんど同じです。

1つの会社の決算内容を押さえるポイントがつかめるようになれば、ほかの会社のポイントもつかめます。そこで、決算のポイントを押さえておきましょう。

大前提 「決算説明資料」から読む

それぞれの会社の決算発表スケジュールは事前にわかっており、株式投資の情報サイトやネット証券のホームページで、いつでも確認できます。

「決算短信」とともに「決算説明資料」を発表する企業も少なくありません。

決算説明資料は、図も交えて決算短信よりもわかりやすく業績の内容やそのポイントを解説していることが多いので、両方あるのであれば「決算説明資料」から読むといいでしょう。

ただし、決算説明資料には所定のフォーマットがあるわけではなく、企業によっては逆にわかりにくいケースもあるので、「この決算説明資料は読みにくいな……」と思ったら、決算短信だけ読んでも構いません。最近は、生成ＡＩを活用して要約してもらうことも増えてきました。

決算のチェックポイント❶

売上高・営業利益

決算短信でも決算説明資料でも、まずは「業績」をチェック。なかでも「売上高」「営業利益」に着目しましょう。

「売上高＝前年同期比10％増」「営業利益＝同20％増」が買うべき銘柄の1つの目安です。

ただし、売上高は基準に達していても、営業利益は達していないケースもあります。

152ページでも触れた通り、営業利益の伸びが少ない(もしくは減益の)場合でも、「人材採用」「不採算案件」が原因であれば、逆に〝大きな投資チャンス〟です。

私が一番有望視するのは、こういうパターンです。200ページで紹介した建設業界専門の人材派遣会社コプロ・ホールディングス(7059)を例に説明しましょう。

建設業界では、2024年に残業規制が強化されることから、ただでさえ人手不足の状態が、さらに悪化することが見込まれていました。いわゆる「建設業の2024年問題」というものです。

そこで同社は、先手を打って大量に人材確保に動いたのです。たとえば2022年8月に発表した第1四半期決算では、「売上高19・5%増、営業利益17・0%減」、続く同年11月に発表した第2四半期決算では、「売上高17・1%増、営業利益25・7%減」、翌年2月に発表した第3四半期決算では、「売上高18・7%増、営業利益23・1%減」となり、2023年3月の連結業績は「売上高20・5%増、営業利益18・5%減」となりました。

減益の理由として、2022年8月発表の決算短信では、次のように書かれていました。

建設業界が抱える技術者の高齢化及び若手不足の構造的な問題は依然として続い

ており、技術者派遣事業の足もとの受注状況は前年同期を大きく上回る水準で推移しております。（中略）利益面につきましては、売上高の増加に伴い売上総利益が増加した一方、積極的な先行投入による採用費の増加、事業拡大に必要な営業部門の増強による人件費の増加、連結子会社の増加に伴う販売費及び一般管理費の増加等により、営業利益は230,410千円（同17・0％減）、経常利益は230,819千円（同16・8％減）、親会社株主に帰属する四半期純利益は、135,005千円（同12・4％減）となりました。

私は、この説明を読んで、チャンス以外の何ものでもないと判断しました。

同じようにチャンスだと判断した投資家も多く、営業減益が続いていたにもかかわらず、2022年11月ごろから株価は上向いてきました。

そして2023年8月に発表した第1四半期決算では、「売上高27・2％増、営業利益2・5％増」と増益に転じ、同年11月に発表した第2四半期決算では「売上高28・5％増、営業利益56・9％増」と、先行投資が花開いて爆発的な増益を遂げたのです。

株価も2022年末時点では1株500円を切っていたのですが、翌2023年11月の第2四半期決算発表後には3倍以上に上昇して1株1500円を突破。2024年3月に1株1800円超の高値をつけました。

「ずっと右肩上がり」の決算よりも、このように「マイナスからプラス」のギャップが株価を急上昇させるのです。

決算のチェックポイント❷

業績予測（修正の有無と理由）

次にチェックするのは「業績予測」ですが、なかでも「上方修正」「下方修正」をしているかをチェック。必ず修正した理由を説明していますから、その点も確認しましょう。

修正があった場合、その理由を「外的要因」と「内的要因」に分けて考えます。

外的要因　**為替変動、商品・サービスの引き合い、特需など**

内的要因　**コストカット、値上げ、事業の再編、人員の適正配置など**

修正の理由を読むことで、単に今回の決算がよかった（悪かった）だけなのか、それとも会社に何かとてもよい（悪い）変化が生じたから、この先も期待できる（期待できない）のかを判断します。

株価は未来の業績予測を織り込むものですから、好決算でも期待したほどのものでないと株価は上がらず、逆に下がることさえあります。

先ほど挙げた外的・内的要因のなかで、とくに業績に与える影響の大きいキーワードとなるのは、**「商品・サービスの引き合い」「事業の再編」**です。「商品の引き合いがますます強くなっている」と書かれているとしたら、「ますます」の部分に注目です。


一方、「これが書いてあれば、今回の決算がたまたまよかっただけの可能性が高い」と思われるキーワードは、**「有価証券売却益」「不動産売却益」**です。これこそまさに一過性の業績アップだからです。

私が一番望ましいと思うパターンは、「過去のＩＲ説明会で聞いていたことが、今回の決算説明資料と結びついた」というときです。具体的には、こんなケースです。以前参加したＩＲ説明会で、企業側が「高単価案件を受注した」と口にしたことがありました。

その時点では、まだ業績に反映されていませんでしたが、次期の決算説明資料には、「この事業での高単価案件が売り上げ、利益の上昇につながった」との一文があったのです。

これで「点と点が線でつながった！」と合点がいきました。

修正がないときには、会社によっては「変更ありません」とだけ書かれている場合もありますが、「○○という理由で、業績予想の修正はしません」「為替変動など、今後不確実性の高い要素もあるため、現時点では修正を出しません」と発表したりするケースもあります。

後者のケースであれば、「次の決算発表では修正を出してきそうだな」といった予測も成り立ちます。

決算のチェックポイント❸

貸借対照表（バランスシート）

貸借対照表（バランスシート）とは、**「資産」「負債」「純資産」**で構成された企業の財務状況を示す表ですが、決算短信にも記載されています。

とはいえ、業績や業績予測についてはすぐに読めても、「バランスシートまで読むのはハードルが高い……」と感じる人もいるでしょう。しかし、バランスシートを読めると、

貸借対照表（バランスシート）とは？

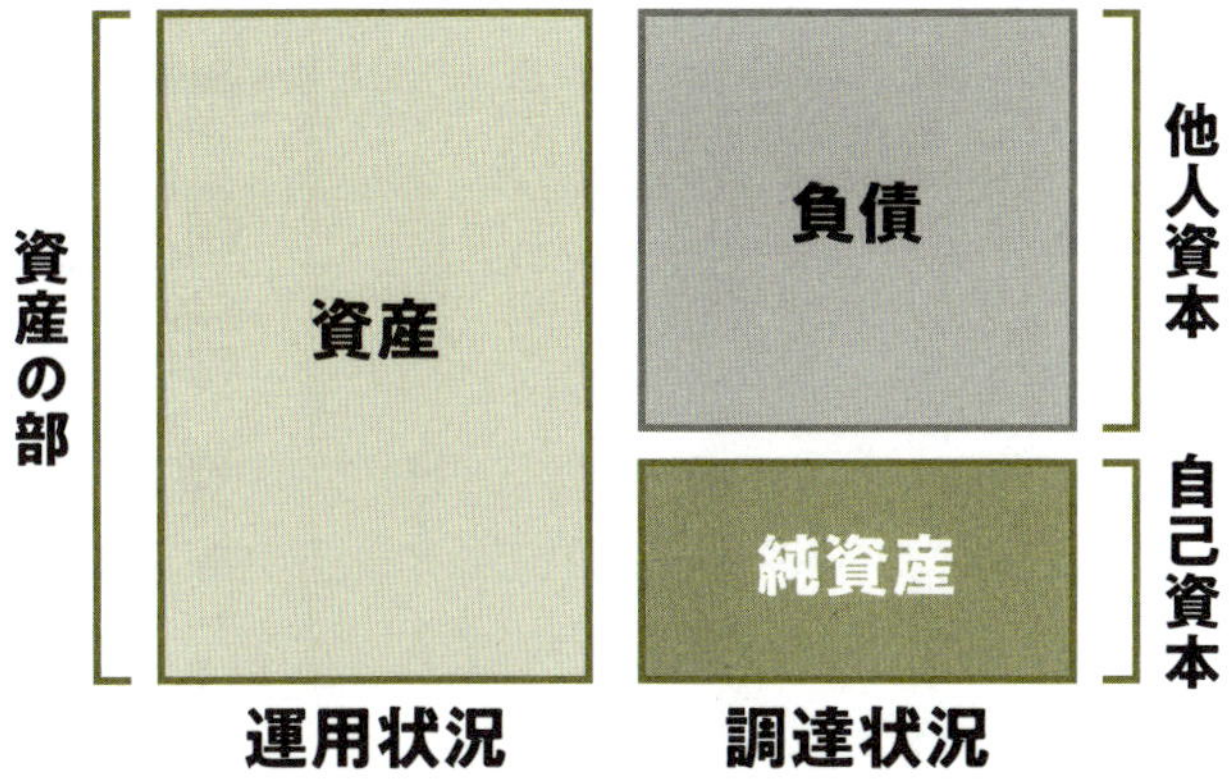

「資産」「負債」「純資産」の3つに分けて企業の財務状況を示す表が貸借対照表（バランスシート）で「資産＝負債＋純資産」

ほかの投資家に1歩も2歩も差をつけられるようになります。

そこで、FCE（9564：195ページ）のバランスシートをベースに、「ここだけは押さえておきたい」というポイントを絞って紹介することにしましょう。

「資産」「負債」「純資産」で構成されるバランスシートを計算式で表すと、**「資産＝負債＋純資産」**となります。

「資産」＝資金をどのように事業に運用しているのか
「負債＋純資産」＝企業がどうやって資金を調達しているのか

押さえておきたいバランスシート4つのポイント

とくに注目して見るべきバランスシートのポイントは、「資産の部」にある次の4つのポイントです。

資産の部：「現金及び預金」「売掛金」「のれん」「ソフトウェア」

まず私が見るのは**「現金及び預金」**。その会社がいま現金をいくら持っているかという点です。とくに、赤字が先行している企業は「現預金」が十分にあるか、安全性を測るうえで必ずチェックします。また、突如として増資を発表する会社がありますが、「現預金」が少ない会社ほど増資のリスクが高まります。

次に**「売掛金」**。売掛金とは、すでに商品・サービスを販売したけれど、まだ回収して

3．連結財務諸表及び主な注記
（1）連結貸借対照表

（単位：千円）

	前連結会計年度（2023年９月30日）	当連結会計年度（2024年９月30日）
資産の部		
流動資産		
現金及び預金	2,247,239	2,597,483
売掛金	297,539	332,065
有価証券	137,914	136,951
商品	42,902	36,782
未収還付法人税等	1,893	—
預け金	5,546	505,182
その他	151,995	225,580
貸倒引当金	△2,296	△8,589
流動資産合計	2,882,735	3,825,455
固定資産		
有形固定資産		
建物附属設備	169,016	214,941
減価償却累計額	△88,941	△108,372
建物附属設備（純額）	80,074	106,569
工具、器具及び備品	39,514	59,567
減価償却累計額	△31,590	△44,030
工具、器具及び備品（純額）	7,924	15,536
有形固定資産合計	87,998	122,106
無形固定資産		
ソフトウエア	34,166	111,043
のれん	24,475	91,953
その他	5,737	8,861
無形固定資産合計	64,380	211,858
投資その他の資産		
投資有価証券	21,134	626,674
差入保証金	83,531	104,922
長期前払費用	11,596	16,130
繰延税金資産	139,884	164,380
その他	18,172	17,841
貸倒引当金	△11,046	△11,046
投資その他の資産合計	263,271	918,903
固定資産合計	415,650	1,252,867
資産合計	3,298,386	5,078,323

純資産の部		
株主資本		
資本金	180,526	762,152
資本剰余金	118,283	699,909
利益剰余金	1,389,931	1,892,300
自己株式	—	△86
株主資本合計	1,688,742	3,354,276
その他の包括利益累計額		
その他有価証券評価差額金	14,829	16,545
その他の包括利益累計額合計	14,829	16,545
新株予約権	1,170	869
純資産合計	1,704,741	3,371,691
負債純資産合計	3,298,386	5,078,323

FCE（9564）の貸借対照表（バランスシート）のチェックポイント

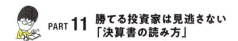

いない代金です。「売掛金」がいくらだからいい、といった明確な基準はありませんが、直近で売掛金が異様に増加している場合は注意したほうがいいです。実際、多額の売掛金が回収できずに倒産した上場企業が過去にありました。

次は**「ソフトウェア」**。これはその名の通り、会社が導入しているソフトウェアのことです。最近は業務そのものだけでなく、業務効率化や勤怠管理などのためのさまざまなソフトウェアがありますが、積み重なっていくとそれなりの額になります。

ソフトウェアが直近で異様に膨らんでいる場合も注意したほうがいいです。もし、その要因を合理的に説明できない場合は、減損や粉飾のリスクが隠れているかもしれません。

最後は**「のれん」**。のれんとは、企業をM＆A（合併・買収）した際、買収される会社の純資産と買収額の差額を指す無形固定資産の１つです。以前は「営業権」と呼ばれ、買収される会社が築いてきたブランド（技術）力を示すものともいえます。

つまり、のれんとは、目に見えない〝仮想的な資産〟です。そのため、買収された会社がそのブランド（技術）力を発揮して収益に貢献できればいいのですが、のれんが収益を生み出していない場合、企業の財政状況を棄損してしまいます。

最近はM&A（合併・買収）も活発化していますが、のれんは本当にそのM&Aに価値があったのかを見極めるためにも重要な指標です。

「決算期」と「それ以外」で読み方を変える

では、次に「どの企業の決算を、どのタイミングで読むのか」について説明します。まず大きくは「決算期」と「決算期以外」の時期に分けて考えてみましょう。

決算期とは、企業の事業年度の最終月のことですが、日本の上場企業のおよそ70％は決算月を3月に設定しており、6月、9月、12月と四半期決算の締め日を迎えて、（決算短信が出る）決算発表シーズンは通常、4月、7月、10月、1月に始まります。

決算月は3月以外にも12月（10％強）や2月（約5％）に設定している企業もありますが、それぞれの決算発表のピークは、12月決算で1～2月中旬、2月決算で2～3月中旬になることが多いです。

❶「決算期」の対応のしかた

決算期シーズンは「決算モメンタム投資」と直結します。121ページで触れたように、株式情報メディア「Kabutan（株探）」などでチェックできる「PTS（私設取引システム）ナイトタイムセッション　株価上昇率ランキング」を起点として決算モメンタム銘柄をスクリーニングします。

株価上昇率ランキング入りしている企業は、好決算が出た可能性が高いですから、ランキング上位から順に1銘柄ずつ、決算短信（決算説明資料）を見て〝買われている理由〟をチェックします。

先ほど紹介した3つの「決算のチェックポイント」をベースに、「今後さらに業績が上向きそうだ」と思えたら投資対象となります。

逆に、株探の「PTSナイトタイムセッション　株価下落率ランキング」をチェックして、「あきらかに売られすぎだ」と判断すれば、安値を拾いにいくこともあります。ただし、基本的には、翌営業日の朝9時の寄付の株価を確認して、「買いの勢いが強そうだ」と判断してから買うのが基本です。

以前、有名な個人投資家が株を売却したことが話題となり、比較的好決算なのに多くの個人投資家が売り、「ＰＴＳナイトタイムセッション　株価下落率ランキング」の上位に入ってしまった銘柄もありました。

こうした一過性の悪材料なのに多くの投資家が売ってしまったときはチャンスと見て、普段は利用しないＰＴＳで買い、翌日のザラ場（株式市場で取引所が開いている時間帯）で売って利益を稼ぐこともあります。

最近はＰＴＳの反応が過剰な傾向にありますから、けっこう穴場かもしれません。

❷「決算期以外」の対応のしかた

決算期以外では、「成長企業をいかにストックしておけるか」という観点で調べます。

決算だけではなく、「どのようなビジネスモデルで、どのような株価チャートを形成しているのか」といったことをチェックするのです。

決算シーズンにすべての企業をチェックするのは難しいので、決算シーズン以外のときに、よさそうな企業に目星をつけておくことも大事です。

263ページで紹介した「前年同期比で売上高10%増、営業利益20%増」の企業をスクリーニングすると100銘柄くらいに絞られるので、それらの銘柄をざっと『会社四季報』でチェックするなどして、目ぼしい会社であればIR説明会に参加してみるのもオススメです。

EPILOGUE

5年で資産1億円へのロードマップ

元手300万円を5年で1億円にするには？

ＥＰＩＬＯＧＵＥとして、元手３００万円を5年で1億円まで増やしていく具体的な方法について考えていきたいと思います。

あくまで理論上の話ですが、毎年2倍株を発掘して倍ずつ増やしていけば、１年目６００万円、２年目１２００万円、３年目２４００万円、４年目４８００万円、５年目９６００万円となり、ざっくり1億円となります。

もちろん実際には、そこまできれいに倍々ゲームになることはあり得ません。投資の資産の伸びをグラフにすると、一直線に右肩上がりのグラフにはならないのです。あくまで5年で資産1億円に到達する過程のイメージとして踏まえておいてください。

さて、元手３００万円を資産1億円に増やすには、大きく分けると次の４つの段階があります。

「300万〜1000万円」「1000万〜3000万円」「3000万〜5000万円」「5000万〜1億円」

それぞれ、順を追って説明しましょう。

資産1億円へのロードマップ 300万〜1000万円

初期の段階で最も効率よく資産を増やすことができるのは、「新高値ブレイク投資」です。「株探」であれば「本日、52週高値を更新した銘柄」をチェックするところから始めます。期間は「52週（1年）」です。そこで出てくる銘柄を見ても、おそらくよく知っている銘柄はそう多くないでしょう。ですから、まずは1つひとつ、一覧表にある銘柄が、どんな会社なのかをチェックしてみましょう。

新高値の銘柄は、よほどの下落相場でない限り、毎日のように現れます。まずはそれらの銘柄をネットでチェックする習慣をつけるといいです。きっと新たな銘柄をチェックすることに、少し楽しみも感じられると思いますし、「いま何が買われているか」を知ることで、着実に株式投資の知識と感覚が蓄積されていくはずです。

株探であれば、「証券コード」にマウスオーバーする（ＰＣのマウスをかざす）だけで、その銘柄の株価チャートがポップアップされますから、その銘柄がどんな値動きをしているのかチェックします。

「こういうふうに上がっていくのか」「ここで落ちるのか」という実感を持ち、少し慣れてきたところで、50ページからの「新高値ブレイク投資」の教えに従って、「この株を買ってみたいな」と思える銘柄に照準を合わせます。

そして、どのような値動きをするかを想定してみましょう。

その後、自分の想定通りであれば、読みは正しいということですし、読みが外れれば、「なぜ外れたのか」を考えます。それを何度か繰り返して、ある程度、精度が上がってきたところで、ようやく本当に身銭を切って買う銘柄を選択していきます。

いくら「早く資産を増やしたい」と思っても、まずはシミュレーションから始めてください。

本日、52週高値を更新した銘柄（一時更新も含む）

日本株52週高値 | 米国株52週高値

52週高値は過去1年間の高値を本日更新した銘柄（一時更新も含む）を掲載しています。高値の判定期間は直近営業日を起点とした365日間です。

市場別：全市場｜プライム｜スタンダード｜グロース

時価総額別（単位：億円）：全銘柄｜-50｜50-100｜100-300｜300-1000｜1000-

1 2 3 4 5 6 次へ＞　15件

株価更新

2025年02月06日 09:47現在 77銘柄　株価15分ディレイ → リアルタイムに変更

コード	銘柄名	市場		株価	前日比		ニュース	PER	PBR	利回り
1375	雪国まいたけ	東P		1,223	+36	+3.03%	NEWS	31.5	4.14	0.98
1450	田中建設工業	東S		1,325	+27	+2.08%	NEWS	10.5	1.57	3.02
1551	スタンダ２０	東E		5,445	+31	+0.57%	NEWS	－	－	－
1626	野村情通サ他	東E		39,030	+170	+0.44%	NEWS	－	－	－
1672	WT金	東E		40,840	-50	-0.12%	NEWS	－	－	－
254A	ＡＩＦＣＧ	東S		1,580	+125	+8.59%	NEWS	48.4	3.14	－
1799	第一建設	東S		2,545	+146	+6.09%	NEWS	10.6	0.68	3.14
276A	ククレブ	東G		2,798	+158	+5.98%	NEWS	27.7	7.10	0.71
278A	テラドローン	東G		5,960	+480	+8.76%	NEWS	━	13.04	－
1871	ピーエス	東P		1,233	+20	+1.65%	NEWS	11.5	1.06	3.57
319A	技術承継機構	東G		3,760	+560	+17.50%	NEWS	37.7	9.04	－
1921	巴	東S		1,307	+41	+3.24%	NEWS	3.8	0.84	1.84
1925	大和ハウス	東P		4,939	+34	+0.69%	NEWS	11.5	1.19	2.98
1938	日リーテック	東P		1,384	+27	+1.99%	NEWS	12.2	0.58	4.34
1965	テクノ菱和	東S		3,170	+270	+9.31%	NEWS	9.6	1.32	3.15

※市場略　ダード、「東G」：東証グロース、「東E」：東証ETF、「東EN」：東　ファンド、「名P」：名証プレミア、「名M」：名証メイン、「名N」　アンビシャス、「福Q」：福証Q-Board
※名証の　ド、「ネクスト」はグロースの各市場に含めて掲載しています。
※札証と　oardはグロースの各市場に含めて掲載しています。
※現値ス　い気配は「ｹ」、特別売り気配は「ｹ」を表記。
※PER欄　示、赤色「━」は今期予想が最終赤字もしくは損益トントンである

1 2

概要・株価｜チャート｜ニュース

テクノ菱和　現値 +9.66%　100株単位

Google　広告表示設定

「株探」の「本日、52週高値を更新した銘柄（過去1年間の高値を本日更新した銘柄）」により値動きをチェック

プライベートや仕事関連で身近な会社に着目

私は2011年7月に証券口座を開設しましたが、初めて本格的に株を買ったのは、口座を開いてから4カ月後のことでした。

最低でも3カ月くらいは、株式投資の勉強やシミュレーションをする準備期間に充てることをオススメします。

「いますぐに資産を増やしたい！」と思う人にとって3カ月という期間は長く感じられるかもしれません。しかし、投資に成功したあとで振り返ってみたとき、「あの準備期間が、お金を増やすための近道になった！」と思える瞬間が訪れるはずです。

とくに最初のうちは、「新高値」をつけた銘柄がどんな会社なのかを調べるだけでも時間がかかりますから、会社員や公務員として働いている人であれば、ある程度の日数がたってしまうと思います。どうか焦らないでください。

最初に選ぶのは、自分がビジネスモデルをきちんと理解したうえで、「この先も業績が伸びるだろう」と、ある程度自信を持てる株に限ります。

そのためには、私が株を選ぶ基準「前年同期比で売上高10%増、営業利益20%増」を活用してください。

最初に選ぶ株は、私が眼鏡チェーン店「ＪＩＮＳ」を運営する現・ジンズホールディングス（３０４６）を選んだように、自分自身がよく知っているＢtoＣ（消費者向け）企業を選ぶことをオススメします。

また、「自分自身がよく知っている」という点からすると、自分の仕事関連のＢtoＢ（企業向け）や趣味に関連する企業もオススメです。

ＩＴ関連の仕事に携わっているのならＩＴ関連株、私のようにアニメ好きなら映像関連株といったように、「この業界の銘柄については詳しい」と思えるところを攻めるのです。

そのなかで「新高値」をつけた有望銘柄に着目・分析して、「これはいいぞ！」と思った厳選1銘柄で、まずは勝負するのです。

1年でテンバガーになる株は数えるほどしかありませんが、1年で2倍になる銘柄は通常の相場で２００銘柄くらいはあります。たとえ軟調な相場でも１００銘柄くらいは出てきますし、上昇相場であれば３００銘柄ほど出てくることもあります。

2倍になる株は、必ずといっていいほど「新高値」をつけます。もちろん、たとえば「5分の1に急落した株価が、その後2倍になった」というケースでは「新高値」は現れませんが、それは除外してしまって大丈夫です。そう思うと、たとえ初心者であっても、「1年で2倍になる株」を発掘することは、それほど困難な話ではないのです。

そして買った銘柄について、基本的には「１カ月」「３カ月」「６カ月」「９カ月」「１年」のスパンで売って収益を稼いでいきます。

この資産規模のフェーズでは、売買の経験を積むためにも「長期間だらだら保有し続ける」より「ある程度の短期間で勝負する」というイメージを持っておいたほうがいいです。

元手300万円からの3パターンの投資配分

銘柄選びについて、この段階では**「選択と集中」**がキーワードです。元手300万円ならば、とるべきパターンは次の3つが目安です（それぞれの元手に応じて考えてみてください）。

投資配分❶ 300万円×1銘柄
投資配分❷ 150万円×2銘柄
投資配分❸ 100万円×3銘柄

この段階で4銘柄以上保有するのは多すぎます。分散しすぎると、1000万円のステージがなかなか近づいてきません。分散ではなく、本書に基づいて誰にも負けないくらい銘柄分析することで、リスクを下げるべきです。

もし見誤ったとしても、「△%下落で損切り」というマイルールを順守することで、傷は浅く、また次の投資にチャレンジできます。

間違っても、「Xで『この銘柄がいい』と言われている」「あの有名投資家の〇〇さんが大株主になっている」といった情報だけで判断しないでください。

自分自身がその会社のビジネスモデルを理解し、値動きのクセまで把握できるようになってくると、リスクはだんだん少なくなってくるのです。

また、必ずしも「新高値」をつけた瞬間に買わなくても大丈夫です。決算を起点に「新高値」をつけたあと、市場が好感して株価が一気に上がりすぎると、必ずといっていいほど下落、ないしは横ばいの調整局面に入ります。

それまでに銘柄を調べ終え、上昇トレンド中に株価が一時的に下落した「押し目買い」のタイミングで買うのもいいでしょう。

初心者であればあるほど、いきなり1銘柄に100万円以上の金額を投資することには、怖さがあるかと思います。しかし、それこそが〝覚悟〟なのです。

周りの個人投資家を見ていると、初心者ゆえのビギナーズラックがけっこう多いことに気づかされます。

こういうことを軽々しく言うのは本来、憚《はばか》られるかもしれませんが、これは単なる偶然ではないと私は思っています。というのも、慣れてくると勘や経験が邪魔をすることも多くなるのですが、最初はかなりシビアに投資判断をするからです。

本当に自分が「いい」と思える株をとことん選び抜き、教科書通りに投資をしてみるからこそ、成功する確率が高まるのです。

損切りのマイルールを前提にリスクをとる

高配当株や優待株は、「元手３００万円を１０００万円にする」というこのフェーズには向いていません。

このフェーズでは、最低でも短期的に株価20〜50％増を狙える銘柄を選んで、利益を積み上げていくことが求められます。

どれだけ将来に可能性が感じられたとしても、「何年後かわからないけれど、いつか上がるだろう」「5年後には大化けしているであろう」という銘柄も投資対象から外してください。

最速で資産を増やしていくためには、「1年以内に上昇する銘柄」「いま上がっている最

中の銘柄」に投資することが必要になってきます。

そして大事なのが、自信を持って買ったはずの株が下がってしまったとき。これは当然起こり得る事態です。

このときはもう「早く逃げる」に尽きます。

「評価損がマイナス5％になったら損切り」といったかなり保守的なマイルールを決めて、実践するしかありません。

いま上がっている最中かどうかを判断するときは、株価チャートを「週足」でチェック。

株価チャートにはさまざまな見方があり、たとえば5分間のスパンで株価の動きを表す「5分足」、1日の動きを表す「日足」、1週間の動きを表す「週足」など、さまざまな時間軸で動きを見ることができます。

「日足」だけを見ていると、「この日は上がっているから買いだ」あるいは「この日は下がっているから損切りだ」と判断しかねません。

これを「週足」でチェックすることによって、株価形成の方向性が見えます。

このフェーズでは、あえて高めのリスクを受け入れます。元手300万円までなら、たとえ半分になったり、最悪全部失ってしまっても、もう一度働いて取り戻すことができるからです。

もちろん300万円を失ってしまうことはツラすぎますが、それで「人生終わり」とはならないはずです。だからこそ、この資産フェーズで一番のリスクをとるべきなのです。そうでないと、「5年で資産1億円」は目指せません。

繰り返しますが、とても保守的な損切りのマイルールを設定することが前提ですから、私自身がそうであったように、実質的なリスクは低めといえるでしょう。

とんとん拍子でうまくいくのであれば、それに越したことはありませんが、このフェーズで1度くらい失敗してもいいとすら思っています。

周りの個人投資家を見ていても、最初のうちに1度大きな失敗をしてしまい、そこから学びを得て、本気で株式投資と向き合うようになったことが、億単位の資産を築いた原動力になっているケースが多いです。

そのときは「失敗」だと思っても、それはいずれ「成功の種」へと変貌します。

資産1億円へのロードマップ

1000万〜3000万円

続いて、資産1000万〜3000万円のフェーズですが、ここが一番しくじりやすいともいえます。元手300万円を1000万円まで増やしたという成功体験があるので、ここで調子にのってしまうと、痛い目に遭う可能性が高いです。

300万円から1000万円まで首尾よく増やせた人は、もしかしたら「相場がいいときに投資を始めて、地合いのよさで増やせた」だけかもしれません。ですが、もちろん上昇相場がずっと続くわけではありません。

相場が盛り上がっているということは、逆にいえば下落するリスクもどんどん高まっているともいえるでしょう。これまでの歴史を振り返ると、数年に1回は大幅下落が訪れています。**資産1000万円にのったあたりで、全体相場の混乱に遭う可能性がそれなりに高いわけです。**

資産1000万円まで増やせると、投資が楽しくて、しかたがなくなってきます。「自分は投資がうまいんじゃないか」と過信してしまう面があるかもしれません。

ですから資産1000万円の大台にのったタイミングで一度冷静になって、ぜひ自分の投資法を見直してみてください。投資法を見直すということは、これまで実践してきた「新高値ブレイク投資を一切やめる」というわけではありません。

どちらかといえば、投資手法やセクターを広げるようなイメージです。

これまでは自信のある1～3銘柄に集中して売買してきたわけですが、その銘柄とは別のセクター（業界）の銘柄を調べてみたり、これまでまったく触ってこなかったバリュー株投資の考え方を勉強してみたりするのもよいでしょう。

この時点では、株の知識がそれなりについているはずなので、勉強会などに参加してもほかの参加者が言っていることをある程度理解できるようになるはずです。

そうすると自分の視野がかなり広がるので、「あれ、これってけっこうリスクをとりすぎていたかもしれない」などと考えられるかもしれません。

そのなかで新高値ブレイクを無理やりやめる必要はありませんが、「これは自分に合うんじゃないか」と思う投資手法があれば、挑戦してみてもいいと思います。

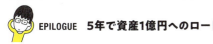

ただし、安定的な方向に振れすぎると、資産の伸びが悪くなりますから、このフェーズでは、ある程度のリスクをとっていくことが求められます。

資産1億円へのロードマップ 3000万〜5000万円

資産が2000万円と3000万円のときを比べてみると、金額は1・5倍に増えていますが、同時にリスクも1・5倍に増えます。

なぜなら、2000万円の資産が20%値下がりしたら400万円の損失ですが、3000万円だと1・5倍の600万円の損失になるからです。

しかも、資産3000万円までは、もし自分が投資している銘柄が「危ない」と思えば、1日あればすべてキャッシュに替えられる金額ですが、3000万円を超えると一日で売れなくなってしまいます（これは「ある程度注目されている銘柄で出来高をともなっている」という前提に立っており、注目度の低い小型株では当てはまらないケースもあります）。

そのため、資産3000万円を超えると、「危ない」と思っても、すぐに逃げられないわけです。だから、少しリスクを落としてみてもいいでしょう。

「上昇相場で資産3000万円までたどり着いたものの、今後下がっていくことが不安」という人は、いったん1000万円ほど利益確定してしまい、リスクの高い株に投じるのは2000万円ぐらいにしておくといったバランス調整も選択肢の1つに加えるのです。

あるいは、私もそうでしたが、ここまで「新高値ブレイク投資」1本でやってきた人は、このフェーズになると「新高値1本でいいのかな」という不安を抱くかもしれませんが、この「不安」はあなたの味方です。

「これは絶対伸びる」と信じた株がうまく伸びてくれたから、ここまでの資産に拡大してきたわけですが、そこにはわりと〝根拠のない自信〟もあったと自戒します。

根拠のない自信を持って一気に突っ込めることが初心者の強みでもあるのですが、資産3000万円のレベルになると、この〝根拠のない自信〟で足元をすくわれかねません。

「自分の投資法は、この先もこれでいいのかな」と迷いが出てくるわけですが、この迷いをポジティブにとらえて、リスクに対して慎重になるタイミングだと思うのです。

繰り返しますが、リスクをとりすぎて資産3000万円がなくなってしまったら取り返しがつきません。「不安」を武器に、さらなる勉強を積み重ねることが大切です。

いろいろな情報を収集しながら、中長期投資を筆頭に、資産3000万円まではやっていなかった投資手法をとり入れてみてもいいでしょう。

ただ、ここまでくると、いろいろな誘惑が出てきます。ほかの投資家のパフォーマンスが気になったり、もっと楽をするために「私はこの方法で儲けた！」と宣伝している個人投資家のnoteの有料記事を買ってみたり……。

ただ、あくまで軸はブレないようにすることが重要だと思います。ここまで資産を増やしてきた人は、これまでやってきたことが間違っているわけではありません。これまでの投資法をベースに、さらにブラッシュアップして、より高みを目指すという発想が欠かせません。

メイン口座とサブ口座を使い分ける

2019年に「老後資金2000万円問題」が取りざたされましたが、資産3000万円となると、ちょっとは心の余裕が出てくるはずです。いろいろな情報を背景に、株主優待株や高配当株への投資を考え始めるのも、このフェーズからが多いです。

　ここで補足ですが、優待株や高配当株など、基本的には売らず中長期的に持って恩恵を受けることを前提とする銘柄を保有するのであれば、メインの証券会社とは別の証券会社に「サブ口座」をつくってもいいかもしれません。

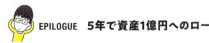

　私の場合、資産3000万円を超えて「株主優待需給投資」を始めたところで、メインの証券口座とは別に、サブの証券口座をつくりました。

　メイン口座には、毎日確認する銘柄を入れています。サブ口座のほうは、たまにしか確認しない銘柄を入れています。

　実は差益を得る以外にも、現在は優待そのものを得るために、含み益を抱えていようが含み損を抱えていようが保有し続けている銘柄も多いので、毎日株価の上下動をチェックするのが面倒なこともあり、サブ口座に入れています。

　また、証券口座のアプリでは、保有株式が基本的に銘柄コード順に表示されます。つまり、数千万円の資産を入れているような主力株よりも、株主優待を得ることが目的で

100株だけ保有しているような銘柄や、中長期的に上がると思って保有しているけれど、ボラティリティが高くて毎日の値動きが激しい銘柄が上位に表示されることもあります。**株価の変動に敏感な私にとって、それはストレスになるので、サブ口座を別に開くことにしたのです。**

メイン・サブ口座での保有銘柄数は、売買する状況によって変動しますが、2025年現在、サブ口座には総資産の20%ほどを入れています。

資産1億円へのロードマップ

5000万~1億円

資産5000万円まで到達してしまえば、ここからは、それまでよりも資産拡大のスピードは加速します。そして、資産5000万円まで増やせた人は、資産1億円まで増やせる可能性が非常に高いです。

これまでやってきた手法を愚直に続けることが、資産1億円に到達する最短ルートです。

資産1億円に達するために一番手っとり早いのは、元手300万円から1000万円まで増やすときの覚悟とリスクをもう一度受け入れることです。

資産5000万円に到達したとき、私は1000万円ずつ4銘柄に投じ、残りの1000万円は優待株や高配当株を含めたリスクの低い銘柄に投じましたが、それが最も期待値の高い投資行動だと思います。

「1000万円」という金額は、いざとなれば株式市場において1日ですべて売却することも可能ですし、非常に動かしやすい金額です。

これが5000万円ぐらいになってくると、それなりに「ファンダメンタルズ」の勉強も必要になってきます。

ファンダメンタルズとは、「経済の基礎的条件」と訳され、国の場合には経済成長率や物価上昇率、失業率といった指標を、企業の場合には売上高や業績、負債などの財務状況を指します。

とくに注力すべきなのは、企業のファンダメンタルズです。国のファンダメンタルズはざっくりとした方向性で構いません。

もちろん、どの段階でも勉強するに越したことはありませんが、ここではバランスシートなどの財務諸表をある程度深く読み込めるようになっておくことが求められます。

私自身、資産5000万円までできた段階で中小企業診断士の勉強を始め、財務諸表を最低限は読めるようにしました。

資産5000万円まで到達すると、つい自分に過剰な自信を持ってしまう人も多いです。たしかに現時点では株式投資である程度成功しており、これまでやってきたことが間違いではなかったともいえますが、すべてを肯定できるわけではないと思います。

正しく損切りできたから大きなダメージを受けなかったものの、銘柄選びを間違ったこともあるでしょうし、何より運が味方してくれたことも多かったはずです。

また、これまで間違っていなかったとしても、今後も間違えないとは限りません。自分を過信するあまり株価が下がってきたところで、それまでのルールを変えて「ナンピン買い」して大暴落で退場……といったことがないように、自分に絶対の信頼を置くことだけはやめましょう。

そうすれば、資産1億円は、すぐそこです。

おわりに

株式投資で大きな資産を築いた先に、ＦＩＲＥ（経済的自立と早期退職）を目指す人が多いようです。ＦＩＲＥをテーマにした本はたくさんありますし、おそらく本書を手にしていただいた読者のなかにも、ＦＩＲＥに憧れを抱いている人がいるのではないかと思います。

しかし、私自身はＦＩＲＥではなく、ＦＩ（経済的自立）を目指してきました。そして、みなさんにもオススメしたいと考えています。

私は個人投資家同士の勉強の場として「湘南投資勉強会」を主宰するとともに、上場企業のＩＲ説明会を年間１００社以上主催しています。

説明会のあとには、参加者と参加企業の方々との懇親会を催すのが通例ですが、ある参加企業のＣＦＯ（最高財務責任者）とお話しした際、冗談交じりにこんな相談を受けたことがありました。

「過去に多くの会社でCFOを歴任してきて、早期リタイアできるだけの資産はもうあります。正直、いつ会社を辞めてもいい。でも一方で、私のCFOとしての能力を必要としてくれる会社がある。そんな状況なのでFIREすべきかどうか、実のところ悩んでいるんですよ」

そのとき私は、僭越《せんえつ》ながらこんなふうにアドバイスしました。

「もうFI（経済的自立）は達成されていますよね。会社から求められ、ご自身もやりがいを感じているのなら、無理にRE（早期リタイア）する必要はないと思いますよ」

資産を築くことで、〝人生の選択肢〟は確実に増えます。FIREしたいと思うなら、それも選択肢の1つです。

ただ、社会から求められていることにやりがいを感じていたり、まだ挑戦したいことがあったりするのなら、RE（早期リタイア）はしなくてもいい。いや、しないほうがいい。

要するに、FI（経済的自立）は目指すべきだけど、RE（早期リタイア）は目指さなくていいと思うのです。優秀な人が続々とRE（早期リタイア）してしまうと、社会的な損失があまりにも大きいということもありますしね（笑）。

先ほどのＣＦＯの方も、私と話すうちに何か納得したような表情をされていました。おそらく、私が言うまでもなく、ご自身ですでに答えを見つけていたのだと思います。

私は「お金に困らない人生を送りたい」という目的から株式投資を始めましたが、たどり着いた結論は、**「ＦＩ（経済的自立）をすると、人生の自由度が高まる」**ということだったのです。

元手３００万円から投資を始めて、いまでは資産3億円を築いてＦＩ（経済的自立）は達しましたが、株式投資を続けるとともに、ほぼ毎日ＩＲ関連の仕事をしてＲＥ（早期リタイア）とは程遠い生活を送っています。

会社員時代はあまりモチベーションが高まらないこともありましたが、いまは違います。誰からも強制されることなく、好きな株式投資をしながら、好きな仕事をすることができています。

会社員時代よりもいまのほうが忙しいくらいですが、すべてを自分自身でコントロールできるので、圧倒的に充実しています。このような人生の選択をできたのも、株式投資でＦＩ（経済的自立）を達成できたからなのです。

あなたもぜひ「人生の自由度を高める」ことを目標に、株式投資に励んでいただければと思います。

本書を執筆するにあたり、多くの方々にご支援とご協力をいただきました。

本書を企画してくださったダイヤモンド社の編集者・斎藤順さんには、貴重なアドバイスと励ましをたくさんいただきました。また、本書の執筆にあたっては、松田小牧さんに多大なご協力をいただきました。本当にありがとうございました。

また、家族と両親にも感謝します。私を支えてくれる多くの人の理解があったからこそ、本書を完成することができました。

そして、いつも湘南投資勉強会に参加していただいているみなさま、また普段から当勉強会のＩＲ説明会にご登壇いただいている企業関係者のみなさま、そして勉強会主宰者同士のつながりで、いつもお世話になっているｙａｍａさん、キリンさん、本当にありがとうございます。

そして何より、本書を手にしていただいた読者のみなさまに、心からの感謝を申し上げます。

世の中には多くの情報があふれ、何を頼りに株式投資をしたらよいかわからなくなることも多いのではないかと思います。

「ＳＮＳで推奨されていた銘柄を買ったら大損した」「暗号資産で投資詐欺に遭った」というような話は、本当にあとを絶ちません。

そうした事態に陥らないためにも、企業の開示情報やＩＲ動画、株価チャートや出来高など、なるべくバイアスのかかっていない１次情報を得ることによって情報リテラシーを高め、自分自身の頭で考えて投資をすることを心がけてほしいです。

私も湘南投資勉強会で、個人投資家のみなさんが１次情報に触れられる機会をなるべく多くつくろうと励んでいます。本書を通じて、自分自身の頭で考えて投資をする人を１人でも多く増やすことができれば幸いです。

最後になりますが、本書を上梓するにあたり馬渕磨理子さん　片山晃（五月）さんに推薦文をちょうだいしました。この場を借りて深く御礼申し上げます。

２０２５年４月

kenmo（湘南投資勉強会）

著者
kenmo（湘南投資勉強会）

1982年愛知県生まれ。大阪大学大学院情報科学研究科修了後、東証一部（現・東証プライム）上場のメーカーに研究員として就職。2011年に4年間で貯めた元手300万円から株式投資を始め、追加資金の投入なしに、会社員を続けながらわずか5年で資産1億円を達成。現在は、約3億円を運用している。2018年個人投資家同士の情報交換を目的とした「湘南投資勉強会」を設立。2023年に中小企業診断士の資格を取得。15年間勤めた会社を辞め、IR支援や企業コンサルティングを行うための法人を設立。現在は株式投資のかたわら、講演活動や、数多くの企業のIR説明会を主催している。『ダイヤモンドZAi』『日経マネー』『日経ヴェリタス』『日本経済新聞』などでの記事掲載多数。

X：kenmo@湘南投資勉強会 2万フォロワー
YouTube：湘南投資勉強会オンライン チャンネル登録者数1.2万人

5年で1億貯める株式投資
給料に手をつけず爆速でお金を増やす4つの投資法

2025年4月22日　第1刷発行
2025年8月5日　第8刷発行

著者　kenmo（湘南投資勉強会）
発行所　ダイヤモンド社
〒150-8409　東京都渋谷区神宮前6-12-17
https://www.diamond.co.jp/
電話／03-5778-7233（編集）　03-5778-7240（販売）

装丁デザイン　小口翔平+畑中茜（tobufune）
本文デザイン　今井佳代
編集協力　松田小牧
イラスト　ひらのんさ
校正　三森由紀子、鷗来堂
製作進行　ダイヤモンド・グラフィック社
印刷・製本　三松堂
編集担当　斎藤順

ISBN　978-4-478-12118-4